国家自然科学基金资助项目（No.51808318）

# 衔接场域公共空间的适应性评价及优化

刘文 于瑞丽 娄焕义 著

东南大学出版社
SOUTHEAST UNIVERSITY PRESS
·南京·

图书在版编目(CIP)数据

衔接场域公共空间的适应性评价及优化/刘文,于瑞丽,娄焕义著. —南京:东南大学出版社,2022.2
ISBN 978-7-5641-9956-2

Ⅰ.①衔… Ⅱ.①刘… ②于… ③娄… Ⅲ.①城市铁路-轨道交通-研究 Ⅳ.①U239.5

中国版本图书馆CIP数据核字(2021)第259843号

## 衔接场域公共空间的适应性评价及优化

Xianjie Changyu Gonggong Kongjian De Shiyingxing Pingjia Ji Youhua

著　　者：刘　文　于瑞丽　娄焕义
责任编辑：贺玮玮
责任校对：子雪莲
封面设计：毕　真
责任印制：周荣虎

出版发行：东南大学出版社
社　　址：南京市四牌楼2号　邮编：210096
网　　址：http://www.seupress.com

排　　版：南京布克文化发展有限公司
印　　刷：南京玉河印刷厂
开　　本：787 mm×1092 mm　1/16　印张：6.75　字数：135千字
版　印　次：2022年2月第1版　2022年2月第1次印刷
书　　号：ISBN 978-7-5641-9956-2
定　　价：40.00元
经　　销：全国各地新华书店
发行热线：025-83791830

\* 版权所有,侵权必究
\* 本社图书若有印装质量问题,请直接与营销部联系。电话：025-83791830

# 前　言

在快速城镇化和城市更新的背景下，城市轨道交通因其高效率、高安全、高运量的特点，成为当下许多城市应对交通矛盾的重要解决方式。轨道交通的飞速发展不仅在宏观上改变着城市的整体时空结构、土地利用和人口分布，与之伴随的物业开发也在微观上对既有城市空间的形态、效率和品质产生着深刻的影响。城市交通综合体作为站城一体化中"地铁＋物业"的重要表现形式，其项目的建设与植入对紧密围绕周边衔接空间配置的演化起着积极的推动作用，与既有城市区域呈现出一种动态协调的发展态势。在城市交通综合体的快速发展下，相关研究视角已不仅仅局限于由建筑本身出发包含功能业态、内部结构、交通组织的微观个体问题，与人们生活行为息息相关的宏观现象，诸如城市空间结构、区域环境品质及系统交通配置正受到越来越多的关注和重视。城市交通综合体衔接场域作为联系微观建筑与宏观城市的媒介，可将其看作是中观层面的拓展深化，在这一范围内，交通综合体作为该区域的活力点，在改变原有空间结构规律的同时，也受到来自周边空间资源的制约，彼此之间呈现出一种微妙的双适应性平衡。

城市交通综合体作为建筑城市化和城市建筑化的集中体现，其多样业态、复杂交通和立体空间的系统属性，导致了项目本身不可避免的高风险、高投入及大体量的弊端，加上地下空间建设的不可逆性，使得交通综合体的投资选址成为运营成功与否的关键环节。而我国轨道交通建设正处于白热化阶段，无论是地下通道的预留还是一体化的开发利用都应具有一定的前瞻性，故在这种矛盾下，以衔接场域为媒介，通过对当下影响交通综合体衔接场域公共空间活力的要素进行提取并量化，从而为待建项目提供指导，这对以济南为代表的轨道交通建设刚起步的城市有着紧迫的历史使命和实践指导意义。

基于此，本书从人的使用角度出发，以城市交通综合体衔接场域公共空间的活力为切入点，在分类的基础上针对影响活力的因子要素进行解析，通过 ArcGIS 平台运用城市空间网络分析技术（UNA）和层次分析法（AHP），建立影响衔接场域公共空间活力的因子体系，并根据现实情况对设计进行优化，总结出改善衔接场域公共空间活力的相关策略方法。作为城市设计研究的一部分，衷心期望本书能够为相关工作的开展起到一定的推动作用。

# 目 录

1 缘起——站城一体化 ··· 001
   1.1 研究背景及对象 ··· 003
      1.1.1 研究背景 ··· 003
      1.1.2 研究对象 ··· 004
   1.2 国内外研究现状 ··· 006
      1.2.1 国外研究现状 ··· 006
      1.2.2 国内研究现状 ··· 008
   1.3 研究目的、意义及方法 ··· 011
      1.3.1 研究目的与意义 ··· 011
      1.3.2 研究方法与框架 ··· 012

2 概念——衔接场域公共空间的提出 ··· 015
   2.1 轨道交通综合体的"兴起" ··· 017
      2.1.1 综合体历史脉络梳理 ··· 017
      2.1.2 轨道交通的城市角色 ··· 019
      2.1.3 轨道交通与综合体的"对接" ··· 020
   2.2 衔接场域公共空间的发展现状 ··· 021
      2.2.1 高密度下公共空间的发展态势 ··· 021
      2.2.2 衔接场域公共空间的概念解析 ··· 024
      2.2.3 衔接场域公共空间的现状问题 ··· 025
   2.3 轨道交通综合体衔接场域公共空间的经验借鉴 ··· 029
      2.3.1 日本涩谷站域综合体衔接场域公共空间 ··· 029

2.3.2　上海五角场站域综合体衔接场域公共空间 ·········· 031

　　2.3.3　上海静安寺站域综合体衔接场域公共空间 ·········· 032

2.4　小结 ······················································································ 034

# 3　方法——活力评价体系的构建 ·········· 035

3.1　衔接场域公共空间的分类及活力指征 ·········· 037

　　3.1.1　步行导向下衔接场域公共空间的分类原则 ·········· 037

　　3.1.2　衔接场域公共空间的分类 ·········· 038

　　3.1.3　衔接场域公共空间的活力指征与内涵 ·········· 039

3.2　影响衔接场域公共空间的活力因子提取与确定 ·········· 043

　　3.2.1　问卷的制作与搜集 ·········· 043

　　3.2.2　基于模糊德尔菲法的因子指标确定 ·········· 044

3.3　衔接场域公共空间活力评价的模型构建 ·········· 046

　　3.3.1　分类指导下活力评价模型的构建原则 ·········· 046

　　3.3.2　构建因子的权重赋予 ·········· 047

　　3.3.3　指标量化及数据获取 ·········· 050

3.4　小结 ······················································································ 052

# 4　应用——衔接场域公共空间的活力评价 ·········· 053

4.1　青岛市轨道交通综合体衔接场域公共空间的现状及发展 ·········· 055

　　4.1.1　青岛市衔接场域公共空间的发展现状 ·········· 056

　　4.1.2　青岛市衔接场域公共空间的发展原则 ·········· 058

　　4.1.3　青岛市衔接场域公共空间的现存问题 ·········· 058

4.2　轨道交通综合体衔接场域公共空间的选取及评价 ·········· 059

　　4.2.1　衔接场域公共空间的选取 ·········· 059

　　4.2.2　衔接场域公共空间的划定 ·········· 062

　　4.2.3　衔接场域公共空间的活力评价 ·········· 063

4.3　分类指导下的衔接场域公共空间活力分析 ·········· 072

　　4.3.1　界面型公共空间的活力分析 ·········· 072

　　4.3.2　流线型公共空间的活力分析 ·········· 073

    4.3.3　节点型公共空间的活力分析 ……………………………………… 074
  4.4　小结 …………………………………………………………………………… 075

# 5　策略——衔接场域公共空间的优化设计 ……………………………………… 077
  5.1　界面型公共空间——立体系统的构建 ………………………………………… 079
    5.1.1　以立体整合为主题的多首层设计 …………………………………… 079
    5.1.2　界面型公共空间优化前后活力对比分析 …………………………… 081
  5.2　流线型公共空间——流畅度的提升 …………………………………………… 081
    5.2.1　以慢行生活为理念的文化设施植入 ………………………………… 081
    5.2.2　流线型公共空间优化前后活力对比分析 …………………………… 083
  5.3　节点型公共空间——综合环境品质的打造 …………………………………… 084
    5.3.1　以还地于民为原则的环境品质升级 ………………………………… 084
    5.3.2　节点型公共空间优化前后活力对比分析 …………………………… 085
  5.4　小结 …………………………………………………………………………… 086

# 6　结　语 ………………………………………………………………………………… 087
  6.1　空间优化策略的提出 …………………………………………………………… 089
  6.2　研究展望 ………………………………………………………………………… 090

**参考文献** ………………………………………………………………………………… 092

**附录　调研问卷** ………………………………………………………………………… 095

# 1

# 缘起——站城一体化

## 1.1 研究背景及对象

### 1.1.1 研究背景

近几十年来，随着城市化进程的加快，城市人口和建筑密度不断增加，导致了一系列严重的交通和环境问题。在这种社会背景下，以轨道交通为导向的公共交通系统逐渐流行，它以快速便捷、客运量大的优势扩大了居民的通勤范围，缓解了交通压力，满足了大众对于公共交通的需求；同时轨道交通对区域经济效益具有极大的带动作用，其强大的人流集聚功能为轨道交通沿线商业发展带来潜力与机遇。截至2020年年底，我国城市轨道交通运营总里程约7 545.5 km，全国统计有44个城市建成通车，通车线路达到246条[1]。对于城市而言，面对有限的城市开发空间与急剧增长的人口数量之间的矛盾，轨道交通的快速发展为空间的多维重塑提供了可能，带动了城市空间的多层级开发、立体化发展以及地下空间发展模式的探索，促进了以轨道交通为核心的城市功能的高度聚合。新形势下的轨道交通建设强调"一体化发展"，即发展模式统筹考虑城市空间格局与交通规划战略要求，进行一体化规划、一体化衔接、一体化开发、一体化运营，完善城市轨道交通系统，实现各方资源的整合配置、互通互关、协同发展。

在城市化建设进程迅猛发展的背景下，为确保土地高效开发利用，合理调控和保护城市土地资源，国家出台了一系列政策措施，"紧凑式""高密度""集约化"成为城市建设中的高频、热点词汇，城市的发展也从原来的粗放式向集约型转变。在城市建筑领域，对集约化有着良好回应的典型案例就是城市综合体，它集商业、商务办公、餐饮娱乐、居住等为一体，在功能上高度复合的同时，其周围营造的公共空间也面向城市居民开放，成为城市性活动场所，缓解了城市公共空间建设的压力，而以轨道交通为载体、将传统商业与交通枢纽复合建设的轨道交通综合体成为当下城市中不可忽视的重要节点。2019年《交通强国建设纲要》指出把服务大局、全面支持国家战略实施和社会主义现代化强国建设作为交通强国建设的根本任务[2]，意味着依托于轨道交通的综合体建设将迎来新的发展阶段，综合体类型也由原来的单一式转变为交通枢纽式，逐渐突破传统布局与定位，以自身转变带动高密度背景下城市土地、空间秩序的良好转变，成为城市不断发展的动力。

交通方式和出行方式的变化导致城市空间在宏观和微观层面的巨大转变，城市轨道交通在快速推进社会发展的同时也带来了一系列问题，尤其是与轨道交通搭接的综合体外部空间呈现出了种种的不适应情况。首先，是品质的不足，尽管近年来我国政府针对公园及绿地等大型开放空间的规划和建设数量有所增加，但其与建筑之间仍缺乏紧密的沟通和呼应，往往以生硬的方式向周围建筑以及城市道路等过渡；其次，公共性不足，缺少停留、休息性的空间，仅仅把它当作展示性场所，硬质铺地过多、绿化不足等问题突出，忽视了普通居民对于公园等场所的真正使用需求；最后，是空间缺乏趣味性与文化性，处于其中的人们场所感与归属感较差，无法真正达到丰富居民日常生活的目的。轨道交通综合体的选址地大多寸土寸金，而衔接场域公共空间从轨道交通综合体以及城市公共空间开发和建设角度来看所占面积都相对较大，若其空间价值得不到有效发挥，必将是一种巨大的资源浪费。

### 1.1.2 研究对象

**1. 轨道交通综合体**

就当下而言的城市综合体一般遵循"HOPSCA"开发模式，此模式融合Hotel（酒店）、Office（办公）、Park（公园）、Shopping Mall（商业）、Convention（会议中心）、Apartment（居住），可以说"城市建筑综合体是微缩城市，是城市化的建筑综合体"[3]。

轨道交通综合体是城市综合体的类型之一，它是依托于轨道交通站点，在对城市土地资源综合利用和开发的基础之上，将商业办公、文化休闲、居住等功能复合为一体，形成的土地空间价值相互利用的建筑类型。由于轨道交通综合体强调的是建筑本身与站点的结合，注定其在选址上瞄准轨道交通沿线地块、站点区域，消费人群上可以融合城市各级区域、各社会阶层市民，空间上更加整合地下、地上空间，倡导空间立体发展模式。

**2. 轨道交通综合体衔接场域**

《辞海》中，"衔接"的意思是指互相连接。我们通常意义上所说的衔接空间其连接形式上是两个界面直接相互连通，比如轨道交通站点与综合体的地下通道空间、地面步行系统、地上天桥空间。而场域概念则是泛指一个社会空间内部运作中存在着一个持续、恒常和不平等的关系，本研究所说的衔接场域本质上是建筑与

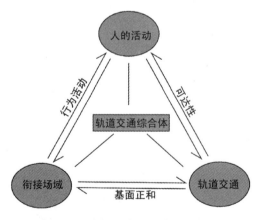

图 1.1 衔接场域空间关系示意图

城市搭接的社会场所的一部分（见图1.1），即轨道交通综合体对城市空

间发展的影响区域。

在文献资料阅读中发现,很多关于影响场域界定的研究采用的方式为:(1)TOD 圆的方式,此种方式忽略了综合体周围设施、人的行为规律以及多个综合体之间的互相影响,是一种理想模式(见图 1.2);(2)以城市某一区域为对象,在 TOD 圆的基础上再综合考虑多个综合体之间的影响,但是仍然缺少对人的步行行为特征的考量[4];(3)在综合考虑城市中的交通状况、道路设施、人的行为活动等因素的基础上,借助 ArcGIS 平台采用创建渔网等方法进行划分。本研究采用第三种方式:以时间地理学为研究基础,以轨道交通综合体各出入口为起点,以步行 10 分钟(约 800 m)所能到达的空间为衔接场域的范围(见图 1.3)。

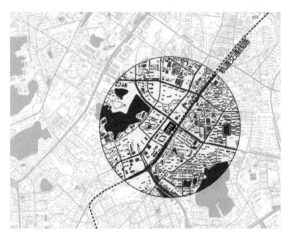 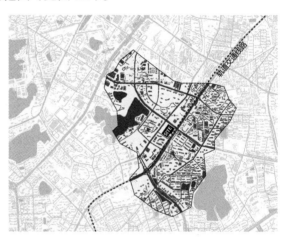

图 1.2 轨道交通综合体衔接场域理想模式　　　　图 1.3 轨道交通综合体衔接场域实际模式

### 3. 轨道交通综合体衔接场域公共空间

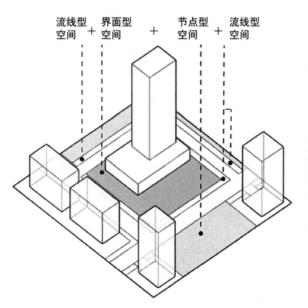

图 1.4 衔接场域公共空间示意图

轨道交通综合体衔接场域公共空间指的是在城市轨道交通与城市综合体相互串联衔接的户外场域内所能提供居民的各种日常活动所需要、可公用的户外活动空间,它的主要类型包括户外广场、公园、露天平台、交通空间等,包含建筑与场地的界面型空间、建筑与道路的流线型空间,以及建筑与城市的节点型空间(见图 1.4)。

需要指出的是,衔接

场域公共空间不仅是轨道交通综合体与公共空间概念的简单叠加,而且是建筑与城市在区域层次下的有机整合,具有复杂性和开放性的特点。与其他类型综合体衔接场域公共空间相比,轨道交通综合体由于公共交通运营带来了大量人流,其周边地块活力与辐射范围大大增加,因此在空间使用的潜力与活力上明显更胜一筹。

## 1.2 国内外研究现状

### 1.2.1 国外研究现状

1. 综合体外部衔接空间研究

国外对于综合体以及城市空间的研究较早,并已经形成体系,许多理论著作中虽然没有明确将综合体外部衔接空间作为研究对象,但其仍然有着重要的指导意义和借鉴意义(见表1.1)。随着人本主义的发展,空间的人性化探讨逐渐成为当下讨论的焦点,如克莱尔·库珀·马库斯在《人性场所——城市开放空间设计导则》中强调城市公共空间对于城市的重要性,并定义了人性化场所应该做到空间的内部和外部美观,具有吸引力。诺伯格·舒尔茨认为场所与物理意义上的空间和自然环境有着本质上的不同,它是由自然环境和人造环境有意义聚集形成的产物。他的栖居理论的核心就是将抽象的空间扩展为以人为中心的场所,恢复空间概念的整体性和具体性内涵,强调空间的意义性。

表1.1 综合体外部衔接空间研究

| 研究者 | 相关观点 |
| --- | --- |
| 卡米洛·西特(1889) | 主张设计者从着眼于一个具有较强视觉震撼效果的大建筑构图,转向关注城市中人的生活标准与尺度,要更加重视外部空间的研究 |
| 芦原义信(1975) | 阐述了外部空间的构成,并在对比日本与其他国家的外部空间的基础上,提出了一系列外部空间设计手法 |
| | 《街道的美学》强调人处于街道、广场等空间中对自然风俗世情的体验感 |
| 扬·盖尔(1971) | 指出户外空间品质对于各种户外活动质量至关重要,户外空间与交往活动是相互作用的,强调不仅要关注空间的重塑,也要重视空间中的交往活动 |
| 克利夫·芒福汀(2004) | 研究论证建筑、广场、街道等空间,以及内部组成要素的详尽布置、规划设计等,并对街道、广场空间做了更加深入的探讨[5] |

2. 公共空间研究

早在1959年,凯文·林奇在《城市意象》中详细总结了城市五要素:道路、边界、区域、节点和标志物,五要素不会独立存在,以边界为限,道路穿插串联节点形成区域,标志物等散落其中并相互影响;Andy

Coupland 曾提出功能混合项目对城市空间发展具有积极促进的作用；英国设计师 F.吉伯德在《市镇设计》中提出了在城市核心地带的社区内部应该是采用一种立体化、多层次的公共交通运输系统以及独特、连续的风光和景观体验系统；Edi Purwanto、Edy Darmawan 提出当街道空间产生一种场所感，人们开始进行广泛的创造力互动时，就会发生将街道空间转变为公共空间的过程[6]。

虽然国外学者并没有将城市综合体衔接场域公共空间作为研究对象进行深入探讨，但所提及的城市空间构成要素、立体化发展模式、场所互动等理论对城市综合体衔接场域公共空间设计具有借鉴意义（见表1.2）。

表1.2 城市公共空间研究

| 研究者 | 主要研究内容 |
| --- | --- |
| 维特鲁威 | 早在《建筑十书》里就对城市空间要素进行了研究，并提出了一些基本的设计原则 |
| A.S.Elia | 设想建设以垂直和水平交通为基础的大城市，这些设想对以后的城市空间立体化发展的理论和实践产生了重要影响 |
| 柯布西耶 | 提出"现代城市"，主张大城市应采用高架和地下的多层立体式交通系统，并在市区修建高层建筑，作为城市空间竖向发展的途径 |
| L. Nadai | 指出公共空间作为社会生活交往的重要场所，要与周围环境等各要素之间彼此认同、吸收、整合，这一过程可表现出两者的互动性和双向性 |

3. 公共空间活力研究

对于城市空间活力的研究，国外学者分别从不同的角度对影响空间活力的因素进行了阐述。首先，一些城市学者以人为本，从城市居民的各种文化活动方式以及现代城市居民多重性的生活需求等角度入手，来深入研究城市空间的多元化和活力，例如1961年，简·雅各布斯的《美国大城市的死与生》中关于城市多样性的理论，就是对单调乏味的现代城市公共空间多样化建设的有力挑战和抨击，他认为只有多样性的存在才能真正催生城市的空间活力，"人"才是城市多样化的核心，城市多样化建设也应该尽力满足人的需要；丹麦著名建筑师扬·盖尔在《交往与空间》中将处于公共空间中个体的活动分为三类：必要性的活动、自发性活动和社会化的活动，提升公共空间中个体的必要性和自发性活动现状，就有机会间接促成社会化的活动[7]，使这三种活动方式相互交融，最终城市的公共空间会变得富于生机和活力，他提出观点：慢速城市交通意味着富有活力的城市。

其次，也有观点认为城市空间的活力主要是受到城市内部各种环境因素的影响，比如凯文·林奇就明确地指出良好的城市形态应该是充满活力的，并且认为"活力"应该是衡量和评价一个城市空间的形态、品位及服务质量的第一个重要指标[8]（见表1.3）。

表1.3 城市公共空间活力研究

| 研究者 | 主要研究内容 |
|---|---|
| 卡茨 | 提出以人为中心，关注社区活力的新城市主义 |
| Hikmah、Ariency K. Manu | 通过对 Taman Nostalgia Kupang 记录、观察和访谈收集数据的基础上，认为空间活力缺乏的原因很多，其中包括广场容量、植物面积、慢跑道位置和配套设施等 |
| Bin Xia、Xin Liang Liu、Fanyu Kong | 认为良好的空间边界将创造充满活力的场所，并对空间活动产生积极影响[9] |

### 1.2.2 国内研究现状

**1. 综合体外部衔接空间研究**

中国的综合体建设起步较晚，国内对于综合体的研究尚不足以形成体系，虽然自改革开放尤其进入21世纪以来，我国的城市建设取得了辉煌成绩，城市综合体大规模出现，但我国的理论著作、译作对于综合体的研究主要是对综合体的功能业态、动线布置等内部空间的关注，总体来说，对于外部空间的研究尚浅。徐怡然、苏继会以语义学解析法为基础，分析外部空间人的行为心理，探讨其与外部空间设计上的联系，旨在为轨道交通综合体外部空间的设计提供有意义的参考，并最终使得空间活力提升[10]（见表1.4）。

表1.4 综合体外部衔接空间研究

| 研究者 | 主要研究内容 |
|---|---|
| 蔺云帆 | 文章以预接角度考虑轨道交通站点接入前后都具有良好适应性的衔接空间设计，通过接口型制模式的研究，揭示预接设计的逻辑，总结出功能、流线、空间和绿色环境营造四个方面的设计策略① |
| 王钰方 | 文章以西安大唐西市外部空间环境研究为例，探索城市综合体外部空间与地域文化的契合点，找到如何利用场地本身的地域特色来创造出有特色的外部空间的方法② |
| 贺家蕊 | 对城市商业综合体外部空间的问题进行分类总结，主要分为对原有机理的忽视，区域空间形体造成压力，城市空间必要的功能联系不足，城市与建筑的连接生硬，公共空间数量少质量差等，分别从城市宏观角度，街区中观角度提出相应的解决策略③ |

另外，也已经有一些国内学者近年来进行了大量的城市综合体实地项目的调研分析，在此经验基础上来深入探讨空间，比如律穹、沈瑶等以城市环境学、行为心理学的"资源-行为"的相互关系理论作为主要理论依据，整体深入地分析评价了20个综合体外部空间现状，并选取较为典型的成功案例，与日本六本木外部空间发展情况进行了深入对比和综合分析，最终得出有益于外部空间品质提升的建议[11]。田晓指出综合体发展过程中

---

① 蔺云帆.城市综合体公共空间预接轨道交通站点的模式研究[D].西安建筑科技大学,2016.
② 王钰方.基于地域文化特色的城市综合体外部空间景观设计研究[D].西安建筑科技大学,2014.
③ 贺家蕊.城市整合理念下的街区式商业综合体外部空间设计研究[D].沈阳建筑大学,2016.

空间营造方面出现的问题：整体与城市空间缺乏紧密关联、景观与人互动性不足、设计缺乏文化意蕴，并针对问题提出四个方面的改善措施：注重与城市环境的联系、注重大众参与、融入地域文化、打造立体化景观[12]。

2. 公共空间研究

我国学者从不同角度就公共空间做了许多有价值的探讨，其中钱才云、周扬以寻求建立城市高度复合的公共空间为出发点，充分利用地上、地下空间来解决城市交通拥堵问题，增加绿化面积[13]；施瑛等指出城市综合体的标准之一就是其公共空间的开放性，以紧凑密集型规划理论为基础，公共空间在设计之初，利用地下空间、屋顶空间打造节点型广场，并采用天桥等形式与城市步行系统自然过渡，进而提升整体城市公共空间的环境品质[14]；费兰从城市空间条件及其对公共空间的作用与影响角度出发，整理分析了市民的日常公共活动，论证了城市综合体外部公共空间具有的城市功能及其特点，总结出了基于城市性的设计策略[15]；牛韶斐、沈中伟在分析城市轨道交通综合体与城市公共空间的关联关系的基础上，从宏观、中观、微观三个层面深入剖析解读了公共空间的层次化内涵[16]。综合以上学者提出的充分利用地形、建筑造型等资源，以充分挖掘立体空间价值的角度，探索紧凑发展理念下空间的高复合性利用，将公共空间与城市交通空间二者结合打造立体化交通网络，对于空间增效策略具有很大的参考价值。

此外，也有学者通过数据的对比分析并结合案例来探索公共空间的设计优化方法，比如王桢栋、胡强等整理并对比分析香港、上海的优秀案例，实地调研综合体案例，获取使用者的空间分布、行为活动等数据，对空间绩效进行对比得出结果，最后对提出的优化方案一一检验[17]，这种用数据来论证观点的研究方式使得文章观点与结果更具说服力，也为增效策略的可靠性提供保障。

3. 公共空间活力研究

国内学者对于公共空间活力的研究主要有三个大的方向：一是从宏观角度，调查分析整体城市空间的活力（见表1.5）；二是在中观角度，选取城市典型区域空间进行研究或者进行不同类型城市空间活力的对比分析，如街道空间、公园、绿地等（见表1.6）；三是微观角度，以某一建筑或者场所为起点，研究周围辐射空间的活力影响因素（见表1.7）。也有学者通过结合实际案例来探索公共空间活力的设计原则和具体设计方法，例如龚颖以上海淮海中路新世界街区的改造为例，在活力营造原则的指导下，将失落的城市公共空间通过叠加组合的手法加以重构，使其活力得以恢复，并产生多种效益，提升市民的生活质量和整个城市形象[18]；谭伟、刘博敏从公共活动的角度出发，结合南京珠江路与太平北路交叉口地区公共空间进行分析，提出了交叉口地区公共空间活力是指非交通性公共活动的强度和多样性程度的观点，并着重从区位、道路、设施三个方面阐述了影响交叉口地区公共空间活力的因素[19]；王勇等以苏州市6个安置社区为例，对3种安置模式的社区公共空间活力特征进行定量评价和比较，基于"社会–空间"辩证互动逻辑，提出了安置社区公共空间活力营造策略[20]。

表1.5 城市公共空间活力宏观研究

| 研究者 | 主要研究内容 |
| --- | --- |
| 张蒴 | 文章对影响城市公共空间活力的因素做了深入分析，得出了保障公共空间优质品质的三个特征：整体性、生态性和尺度感[21] |
| 王悦、姜洋 韩治远 | 文章借鉴了国外利用改造公共空间大道实现城市复兴目的的优秀案例，以上海市嘉定新城中心区为研究对象，以步行系统的规划与设计为出发点，总结出了提升城市空间活力的详细策略[22] |
| 舒婷婷、林晗 | 文章以"绿色针灸"的新鲜视角，主张设计中利用植物元素打造充满绿色气息的城市公共空间，以此来激活城市活力[23] |

表1.6 城市公共空间活力中观研究

| 空间种类 | 研究者 | 主要研究内容 |
| --- | --- | --- |
| 街道 | 陈跃中 | 明确了街道作为交往空间与交通空间的双重职能，是城市地域文化的重要载体，并就我国街道空间现状提出街景重构五原则，用以指导未来的街道空间改造与建设工作[24] |
| 公园绿地 | 罗桑扎西 甄峰 | 对空间活力内涵与特征重新做了阐述和解读，综合考虑多重因素，以空间活力为核心，总结出评价指标，并以此建立起公共空间活力的评估框架，并将这些指标结合大数据应用到对南京市公园活力的评估中[25] |
| 滨水空间 | 杨希 | 运用POE调查法，通过对武汉滨水空间的活力研究，得出影响滨水空间活力的四个主要因素：关联度、趣味性、亲水性和多样性[26] |

表1.7 城市公共空间活力微观研究

| 研究者 | 主要研究内容 |
| --- | --- |
| 李皓、弓弼、樊俊喜 | 文章通过结合西安商业街进行景观改造的实例，讨论了将人性化设计与景观设计相结合，来提升城市公共空间活力的方法[27] |
| 卓轩 | 论文以轨道交通站点附近公共空间为研究对象，从使用者的需求出发，对空间的可达性、安全性、可识别性、可参与性进行量化研究，并以徐州1号线为例，通过模型得出建设后各类站点的空间活力，对比空间现状，得出结论 |
| 程元泽 | 在借鉴高铁新城和城市公共空间活力等有关研究的基础上，运用大数据分析的手法建立了高铁新城公共空间活力评价模型，并将其运用到苏州高铁新城的研究实践中去，为未来高铁新城公共空间活力的提升贡献力量[28] |

## 1.3 研究目的、意义及方法

### 1.3.1 研究目的与意义

#### 1. 研究目的

轨道交通综合体集合了多种城市功能，更是将城市交通与区域内居民生活凝结在一起，其周围公共空间无时无刻不在发生大量人流涌动，人流类型的复杂性与行为的多样性对公共空间的交通、功能、设施等提出了很大的挑战。相较于普通城市综合体，轨道交通综合体能够获取更大的经济价值的契机也来源于庞大的交通集散人流，通过对轨道交通综合体外部衔接空间的调研与优化，使得空间秩序得到重新梳理，良好的公共空间环境品质为综合体集聚更多消费人流、吸引更多品牌入驻，使得综合体经济效益得到长期保障，综合体内部的酒店、办公、商业等功能相互促进与依赖，提升了综合体在城市商业中的竞争力，在城市中逐渐创立起独特的形象，成为城市的地标。

#### 2. 研究意义

轨道交通综合体公共空间从属于城市公共空间，其具有开放性与资源多样化的特征，城市公共空间是城市规划与建设中的重要一环，同时又是人们日常生活的重要节点，良好的城市公共空间对人们生活质量和未来城市建设都有着极为重要的影响，但是由于决策、管理、规划等内在机制的不足，我国城市公共空间普遍品质不高。轨道交通综合体衔接场域公共空间得益于专业的规划设计团队，在整体规划与细节处理上都能满足市民对空间品质的要求，能很好地弥补整个城市公共空间建设的不足，进而提升整体城市形象。

在实践层面上，未来城市发展朝着高效、集约方向前进，"交通—建筑—空间"的一体化建设模式是城市健康和谐发展必经之路，轨道交通综合体衔接场域公共空间融合了多种城市功能（消费、游览、休闲），对城市空间品质的提升至关重要，我国学者对于轨道交通综合体衔接场域公共空间的关注度明显不足，相关研究也多集中于北京、上海等一线城市，青岛有着不同于其他城市的地域特色，所以在借鉴国内外优秀案例的基础上，对青岛典型站点衔接场域公共空间进行调查取样并做深入研究，希望探讨出本土化的空间优化策略，在理论层面上就轨道交通综合体衔接场域公共空间的活力提升对城市空间发展的影响做一定的探索，以求为解决城市现象问题、提升空间活力等提供指导，展现城市文化与生活气息，为全体市民打造有归属感的精神花园。

### 1.3.2 研究方法与框架

1. 文献研究：通过对国内外轨道交通综合体、衔接场域公共空间等领域的文献阅读与梳理，了解相关课题研究动态与发展趋势，对国内外的实践案例深入总结与归纳，并熟知相关理论及概念，为后期开展实地调研和建构公共空间评价体系模型打下良好的基础。

2. 调查研究：一方面选取青岛市典型轨道交通站点附近的综合体，对其衔接场域公共空间作实地勘察调研，获取一手数据资料，了解空间使用状况并发现既有问题，为今后的分析与评价工作以及策略优化措施提供基础；另一方面利用网络平台发放问卷，并作统计分析。

3. 比较研究：拟通过搜集国内外相关的衔接场域公共空间优化案例进行对比分析，选取北京、上海等具有代表性的优秀案例，进行实地勘察对比，尝试归纳并总结出衔接场域公共空间活力的评价方法与优化策略。

4. 定量与定性：定量与定性相结合，采用实地勘测、行为观察与记录、问卷访谈等研究方法与手段，同时借助 ArcGIS 平台，利用模糊德尔菲法、AHP 分析法、专家打分法、UNA 工具进行数据分析与实时数据获取，矫正并补充现场调研数据，为后续工作提供有效支持。

5. 交叉学科研究：本研究的方法涉及社会学、心理学、环境学、政治学等多种学科。希望通过对学科知识的深入解读与引用，为进一步的研究提供更为深厚的理论基础。

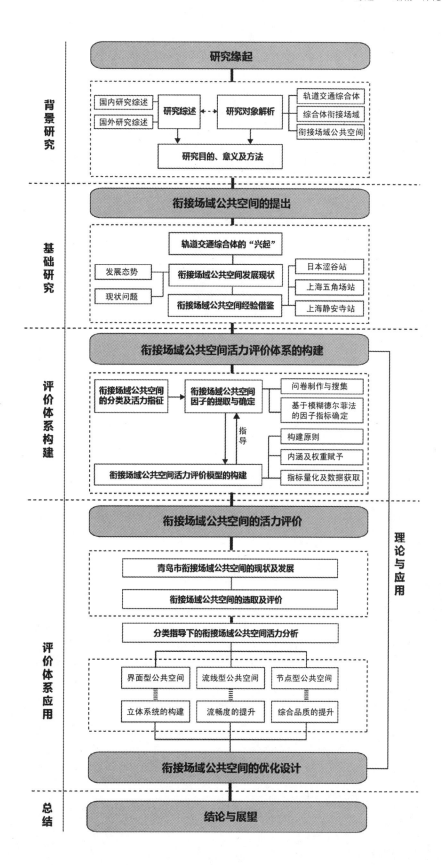

图 1.5 研究框架

# 2

# 概念——衔接场域公共空间的提出

## 2.1 轨道交通综合体的"兴起"

### 2.1.1 综合体历史脉络梳理

1. 萌芽期

  城市综合体最早可在欧洲的古希腊、古罗马时代看到雏形。在古希腊时期，广场被用于进行宗教集会、讲座等活动，比如阿索斯广场两边都设有敞廊，用于进行商业活动；古罗马经济兴盛时期能够满足娱乐和休闲两种功能的各种活动场地都已兴起并修建完毕，包含音乐厅、演讲厅、图书馆等多种功能，比如古罗马时代的卡拉卡拉浴场。

2. 发展期

  中世纪的欧洲，由于大量教会组织城市活动对"上帝权威"思想的宣扬，再加上严格的等级制度的束缚，使得人民的公共活动受到抑制，城市由教会统治且发展缓慢。人们的商业贸易活动在街巷中进行，这一时期逐渐形成"底部商业＋上层住宅"的建筑形式——奥斯曼建筑，即底部（一般为一楼或二楼）为商户设置，可用于开设餐厅、精品店等，上部为住宅，这种建筑形式打破了商业空间在平面发展的局限，开始向上寻求立体式空间，大大提高了建筑的利用效率，也丰富了商业类型，也是这一时期综合体建筑发展的最好印证。

3. 阻滞期

  18世纪工业革命使得社会和城市经济发生了巨大的转变，生产力的进步也为城市经济带来了生产方式上的改变，家庭小作坊式的生产方式逐渐被大机器所取代，相应的商业经营方式随之而变，百货商店开始出现。同时这些变化也带来了很多的城市问题：大量人口涌向城市；工厂废水、废气导致环境污染；城市基础设施、道路交通系统无法承载城市激增的人口。而在当时的环境下，解决这一恶性循环城市问题的根本途径是阻止城市的无序、无限扩张，于是设计人员们开始了长期且不间断地探索，1933年CIAM（国际现代建筑协会）雅典会议召开，会议提出将城市划分成居住、工作、游憩、交通四大功能区域，强调各功能分区彼此独立、互不干扰的城市规划理念，并在《雅典宪章》中予以明确，由于该时期严苛的城市职能和分区理念的盛行，城市各功能分区之间相对闭锁而割裂，城市经济、文化、生活的多样性均因此遭到了严重破坏，综合体的建设和发展亦因此而停滞。此外，汽车文化的出现使得城市街区变得更加混乱，为了摆脱凌乱无序的城市环境，城市发展重心开始转向郊区转移，城市中心也不复往日繁荣。

4. 再繁荣期

然而，城市仍在不断地发展，社会仍在不断进步，相互分隔、割裂的单一功能区已经成为人们追求便捷而高效生活的一个重要阻碍，综合体建筑在这种背景下迎来大发展，由19栋建筑共同组合而成的洛克菲勒中心也正是在这一时期登上历史舞台，被誉为"城中之城"的洛克菲勒中心所包含的商业性建筑、办公楼、酒店公寓以及电影院等文化娱乐为主的功能，满足了现代社会人们在办公、购物、娱乐等诸多方面的需求，也充分表明了建筑群的综合性是现代城市建设重要发展趋势之一；法国的拉德芳斯建成了世界上首个现代化的城市建筑综合体，形象现代、前卫、艺术气息浓厚，多方位地覆盖各种现代化的城市功能，拉德芳斯建筑综合体的成功为当代世界现代化城市建筑的形成与发展拉开了新的序幕；20世纪50年代后期由波特曼建筑设计事务所设计和开发的第一个大规模的开放式城市综合体——亚特兰大桃树中心，其规划系统覆盖17个街区，从1961年第一座建筑落地直至2004年太阳广场三期工程竣工，工程持续40年，各个不同时期的建筑在外部形式（材质、色彩等）、内部功能空间上相呼应，这种长期性、整体性的开发计划带动了美国区域性的城市复兴。

5. 快速扩张期

自20世纪末以来，随着城市化步伐的加速，城市综合体亦逐渐像雨后春笋一样出现在各个大城市，在高密度以及紧凑型发展思想的引领下，综合体建筑朝着集中、群体、立体式方向发展，使得空中、地面、地下相互连接，并强调与城市整体环境的一体化设计，比如日本六本木之邱的"垂直城市"设计理念，主张城市生活由横向展开变为竖向发展，难波公园通过立体花园设计为城市营造一个交流、共享的平台，综合体以更加温情与人性化的方式来影响人们的居住及生活。随着我国城市化进程的加快，我国的综合体项目建设也进入快速发展期，香港、广州等地综合体涌现，全国各地也纷纷加入综合体建设的狂潮，并将综合体作为衡量城市品质与实力的标准。

通过对历史脉络的梳理，可以发现，城市的产生与发展和城市经济、环境、历史等紧密关联，其萌芽、发展、阻滞、再繁荣与快速扩张的发展脉络都是在相应的社会背景下进行的。综上所述，综合体的五个发展阶段可总结如下（见表2.1）：

表2.1 综合体历史发展进程与社会背景

| 发展历程 | 社会背景 | 典型案例/事件 | 实景图片 |
| --- | --- | --- | --- |
| 萌芽期 | 古希腊 古罗马 经济繁荣 | 卡拉卡拉浴场 | |
| 发展期 | 中世纪教会思想 | 奥斯曼建筑 | |
| 阻滞期 | 工业革命 | 《雅典宪章》 | — |
| 再繁荣期 | 城市复兴 | 洛克菲勒中心 金丝雀码头 亚特兰大桃树中心 | |
| 快速扩张期 | 全球化 城市化 | 日本六本木之邱 难波公园 | |

### 2.1.2 轨道交通的城市角色

城市的形成、发展、兴衰往往与交通现有通达条件和未来发展规划密切相关,自英国第一条城市轨道交通完工并投入使用以来,轨道交通的发展与建设就成为世界各大城市建设的重点项目之一。轨道交通是指城市车辆在指定轨道上运行,用于承担城市客流运输的交通系统,它是在城市道路系统和国家交通干线规划下的一种相对概念界定。在现阶段,城市的发展正逐步进入以"存量优化"与"TOD理论"为基础与主导的发展阶段,轨道交通成为规划设计者们眼中城市空间再生的"催化剂",既可以串联起城市各个区域，又可以直接带动现有城市向郊区发展，防止现有城市空间的过度开发，以日本首都交通圈为例，自1919年起轨道交通串联了上野、新宿、品川、东京、中野等，轨道交通路网不断完善，城市人口密度、流动量、出行频率也持续增长，原有城市圈规模不断扩大。

 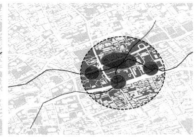 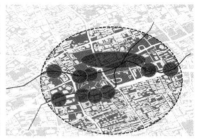

图 2.1　城市商业格局演进图

在大多数的城市规划建设、发展进程中，轨道交通属于"植入性建设"，即轨道交通的建设起步一般晚于城市空间脉络的形成。轨道交通通过自身的媒介效应，利用其强大的交通运输优势，触及并贯穿城市各个重要节点，形成城市空间的"轴向-廊道"发展模式，在增强沿线区域可达性的同时，带动了辐射范围内各功能土地的高强度开发，继而引起城市聚居地的迁移和功能设施的重新布局（见图2.1）。公共交通系统的完善，改变了居民的出行结构，满足了公交、轨道交通、私家车的高效换乘，空间秩序在此得以重塑，实现了区域内土地、交通、空间品质的良性循环。

### 2.1.3　轨道交通与综合体的"对接"

从20世纪60年代开始，城市的高速建设给城市带来了诸多问题，比如道路和交通问题，一些西方国家在政府主导下，其设计师和技术人员展开了诸多探索，主要表现是实行建筑多功能综合开发，融合商业、办公、居住等多重功能，实现用地价值最大化，推动城市建筑向多元化、功能多样化发展；再者贯通步行体系，大力开发站域地下空间，整合综合体与交通站点，以立体开发模式为主，集聚人流，使空间充满活力。在我国，20世纪90年代后，经济水平攀升，交通建设蓬勃发展，综合型建筑类型也越来越多，加强相互之间的有机联系，整合各自资源，形成集中、高效的空间运转模式，可以更好地为城市居民服务，这成为轨道交通与综合体发展的必然趋势。

综合体与轨道交通的融合对接能够相互促进、相互推动，一方面城市轨道交通站点因其良好的可达性和强大的人流集聚效应，为综合体及周边区域的发展带来潜在的经济效益；另一方面，综合体作为城市更新和建造的有效模式之一，与城市交通的整合建设势必会带动区域活力的多样改变，丰富行为活动方式。可以说，轨道交通与综合体之间的衔接空间，是城市活力的强力磁吸器，是城市、建筑、交通一体化发展的缩影，不仅拓展了地面空间的使用，还为行为活动的产生提供了更大的可能。

综合体与城市交通对接（见图 2.2）的内涵在于：一是倡导土地开发与交通规划的统筹，两者同步建设，充分挖掘土地潜在价值，以社会效应带动商业效益；二是展现一体化城市设计理念，实现政府、开发商、规划设计单位三方一体化的开发机制；三是提升空间体验的连续性，模糊城市与建筑之间、室内外之间的使用界限，促成人在城市中步行体验的连续性，增加步行舒适度；四是促进资源优化与重组，提升城市生活的多样性，避免资源浪费，在有限的用地内创造更多的价值。

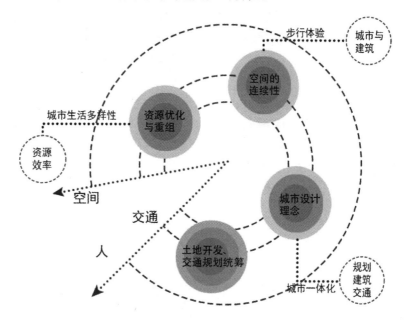

图 2.2　综合体与城市交通的对接

## 2.2 衔接场域公共空间的发展现状

### 2.2.1 高密度下公共空间的发展态势

当下，高密度已经逐渐成为我国在现代城市建筑设计研究领域中的热点学术词汇，所谓城市高密度环境，董春芳在《高密度建筑学》一书中提到，"是指在城市中物质建造环境处于高密度状态的某一城市地区的整体性描述"[29]。

随着我国城市总人口的不断增加和城市化进程的加速，更多资本、能源、物质和空间要素等都涌进城市的中心地区，高密度、紧凑型空间发展模式正在逐渐成为推动我国乃至全球城市发展的一种必然趋势。然而，多元因素在有限时间内进行城市空间中的无序积累和聚集，必然会导致一些严重的城市问题，比如环境恶化、交通拥挤、用地紧缩等。城市公共空间作为城市宜居性的重要体现，其建设与发展必然承担更多的职能与属性，可归结为以下三种态势：

1. 土地集约式的综合利用：我国城镇化的白热化进程在推动经济迅猛发展的同时，随之产生的大量人员的涌入不可避免地带来城市土地资源日趋紧张、人地矛盾愈发突出和交通日益拥堵等问题。在此背景下，轨道交通的建设发展不仅可极大缓解城市交通的紧张状况，以站点为核心的土地开发更成为构建公共交通为导向的政策实施的有效支撑，是城市更新下优化空间格局的重要组成部分。土地的集约式利用，即是强调对传统机械式空间划分的打破，在补偿策略的引导下，利用架空、渗透、下沉等方式和手法，打造虚实变化的层次体验，使得传统意义的地面层被扩大化的同时，构建出复杂系统多义的空间体系，并在原有主体功能的基础上，附加文化会展、休憩广场、娱乐餐饮等与人群活动息息相关的生活场所，满足空间多功能、全时段的合理利用，继而实现公共空间与周边建筑的联动开发。如上海绿地中心，设计师围绕自然与城市，将步行街主流线布置在轨道上方，两侧以梯状台地逐渐抬高，构建出"上部都市绿化覆盖＋下部综合体业态延伸"的一体化新形式。链接屋顶空间的复合立体式公园，通过连廊、平台、坡地等景观节点的植入，使得建筑在节约地面面积的同时，提高了空间趣味性，及人、建筑、景观之间的互动性，成为令人身心愉悦的休憩场所（见图2.3）。

图 2.3　上海绿地中心

2. 人性化、立体式步行环境体系的构建：在城市的不同地块、不同高度之间，构建连接媒介，将点状空间用线性空间进行串联，以连贯的步行系统打破不同公共空间之间的隔阂状态，形成有机、立体、多层次的步行网络系统。"漂浮群岛"设计便是在高密度城市背景下，将步行环境体系优化与公共空间相结合的一次积极尝试（见图2.4）。为了解决现实基地中交通拥堵、人流密集、人车混行等交通问题，提升片区品质，设计师提

图 2.4　漂浮群岛示意图

出"人流似水,分行成岛"的"漂浮"通廊概念。设计尝试以预测人流的最短路径作为桥面空间划分的依据,并结合不同形状空间植入满足不同人群需求的各类元素:如"语林岛"通过乔木结合座椅的设置营造出空间的围合感,为人们提供一片都市中的恬静;"水雾岛"则通过喷雾装置和可进行浅层蓄水的底面,在调节微气候的同时提高场所的趣味性;"游乐岛"中起伏变化的小岛为小孩和年轻人提供了最佳活动场所。设计在满足基本使用的同时,赋予公共空间以更多的可能性,使其摆脱了传统意义上的天桥,而化身为城市中生动活力的公园(见图2.5)。

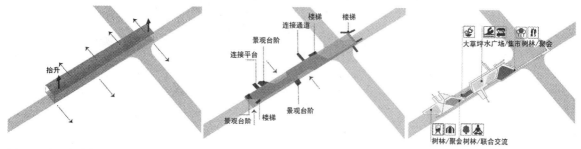

图2.5 漂浮群岛设计操作图

3.城市微观环境品质的提升:在高密度城市空间中,城市建筑群之中的零散、细碎的小型公共空间更有可能彰显出城市的品质。如通过加强景观环境、公共设施与人之间的互动,在实用性基础上融合城市地域性文化元素,提高人们对于当地的归属;通过对街道建筑物进行永久性的改造等,探索其在城市和公共场所中可以起到的装饰性和功能化的作用,引起人们对城市中一些被忽视部分的关注[30]。在韩国光州的街道改造中,设计师主张在街道现状设施资源的基础上,进一步优化城市空间,增强空间与民众的互动,项目设计师尝试将学生们自由天真的想法融入玻璃路面、喷泉、沙滩、木质街面等设计中。在此基础上,构建景观阶梯融入街区,阶梯作为承载绘画、儿童游戏、静坐交谈等活动的场所,成为街区自发式的表演舞台与看台,丰富了步行环境。这种在微观环境下的设计干预,使得城市空间更富吸引力,在细微处彰显城市空间品质,使城市更有社会性、更有趣、更富吸引力,而更重要的是它带动当地居民直接参与城市空间的营造并享受其成果。此次设计通过引导的方式彰显了社会对城市微观空间品质的关注,利用适宜的介入手段实现城市碎片空间的"微更新",使其逐步转换为充满城市活力的新鲜场所(见图2.6)。

图2.6 街区休闲空间的改造

### 2.2.2 衔接场域公共空间的概念解析

**1. 衔接场域公共空间的提出**

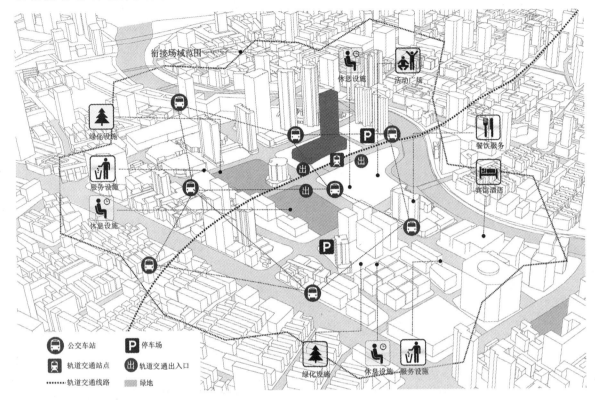

图 2.7　衔接场域示意图

轨道交通综合体衔接场域的公共空间是城市公共空间的一部分，具有开放性和多样性的特征，作为人们日常生活的重要场所，其良好的空间环境对于人们的生活品质及城市建设都有着极为重要的影响。通常，针对轨道交通站点的衔接空间指的是车站与建筑、城市以及不同枢纽之间具有气候边界的直接内部联系，相比于衔接空间，衔接场域更倾向于从城市中观层面出发，以系统内部人的行为活动作为核心要素，包含区域不同空间层面影响使用行为的资源配置，如休息设施、餐饮服务、公共交通站点、绿化配置、活动广场等。如果说衔接空间是微观层面承载立体开发的点，那么衔接场域就是城市设计视角下联系不同标高、激发区域活力的面，其建设情况直接关系到地块内部的使用效率和城市的集约化发展（见图 2.7）。

**2. 衔接场域公共空间的整合特点**

（1）全候性

城市内人群类型差别较大，市民活动的特征、性质、时段、频率等也都不同，衔接场域公共空间要满足发生在不同时段、不同活动内容的不同要求，立足于场所服务时间、人的行为活动两个基本点，24 小时不间断地服务于使用者，充分发挥出城市性公共开放空间的功用和职能，展现衔接场域公共空间的"全候性"。

（2）易达性

易达性包含两个方面：一是从城市其他空间到达本空间的便利性较高，二是以这一空间为起点方便到达城市其他地方。在城市交通规划的宏观角度上，为保持综合体的良好运营，除了流畅的步行系统外，其周边区域往往有着密集的交通体系（公交车、地铁、出租车、私家车停车场等），良好有效的可达性系统设计和构建以步行导向为核心，通过多种方式，实现地下、地面、地上的多维立体化构建：地下层——与轨道交通站厅层直接相连；地面层——公共交通、私家车等多种接驳方式；地上层——立体廊道穿越机动车道，串联地块[31]。

（3）兼容性

衔接场域公共空间作为城市活力的重要承载点，其兼容性体现在：首先是服务对象的兼容性，既包含不同性别、种族、社会阶层、收入水平的使用人群，也结合公共服务设施的使用，囊括了漫步、畅聊、拍照、游戏等内容的多种行为活动，人、建筑、城市在此得以有机交融；其次是活动发生场所的兼容性，衔接场域公共空间有着丰富的、促发多样性活动的空间类型，比如综合体屋顶花园、下沉广场、出入口广场、城市性公园绿地等，都为居民提供了休憩空间。

（4）文化性

每一座城市空间的建设及其发展和形成，都具有其独特的肌理特点，城市的历史与文化或多或少都会在公共空间中留下痕迹。城市公共空间因其开放多元的特点，使得城市文化在其中可快速传播，继而成为文化互动的场所，场所内标志性的公共艺术小品（雕塑、LED屏幕等）能很好地传达城市的精神气韵[32]。

### 2.2.3 衔接场域公共空间的现状问题

从城市发展理论来看，尽管衔接场域公共空间的整合建设是对目前高密度、集约化发展的回应，然而针对其内部资源的合理利用与城市空间一体化发展模式的探索仍很被动，尤其伴随城市轨道交通的快速发展，公共空间的潜在价值依旧未得到充分挖掘，与周边环境的关系以及自身的品质都亟待提高。

1. 综合体与城市直接衔接的界面耦合度较差

国内很多商业综合体的入口界面空间在方案设计与后期管理阶段受市场主观因素管控较多，并没有将其纳入城市公共空间体系的范畴，导致界面空间的公共性普遍不足。衔接场域公共空间作为城市公共空间的一部分，应是一种有机融合的从属关系，而现实中由于场地内部的设计私有化与领域性严重，往往采用过多的硬质铺地，缺乏一定的绿化设施和便于人停留的休憩环境设置，无法实现全民参与；在与城市空间的衔接处理中，设计手法多存在生硬、单一的问题，常采用石墩、栏杆、路锥等进行简单分割；此外，空间外部的交通组织较为混乱，地铁口流线的加入使得整个场域空间更缺乏有序规划（见表2.2）。

表2.2 衔接场域耦合界面问题

| | | | |
|---|---|---|---|
| 轴测示意图 | | | |
| 平面示意图 | | | |
| 现场图片 | | | |
| 问题 | 硬质铺地过多<br>缺乏绿化设置 | 与城市边界分割生硬 | 场域内部缺乏流线规划<br>交通混杂 |

2. 站点及周边慢行系统的模式和层次较差

目前综合体与站点衔接的慢行系统模式较为单一，多为地面层硬质铺地与城市空间直接相连，立体耦合度较差，即便是在城市用地紧张的背景下，也鲜有对地下层下沉广场和地上层屋顶空间的开发，人群多从地面层进行疏散。处于核心商圈的站点通常仅用地下连廊进行简单联系，缺乏适度商业业态的植入和对周边地块统一的整合考虑，步行友好度较差。同时，衔接场域内部的交通换乘方式较单调，公交站、出租车停靠点、地下车库和地铁出入口之间人行路线较混乱，无法满足新形势下交通网络便捷宜人的立体构建要求。此外，人行道占用现象日益严重，尤其是机动车和非机动车对无障碍步道的占用最为严重，机非混行状态成为常态（表2.3）。

表2.3 衔接场域慢行系统问题

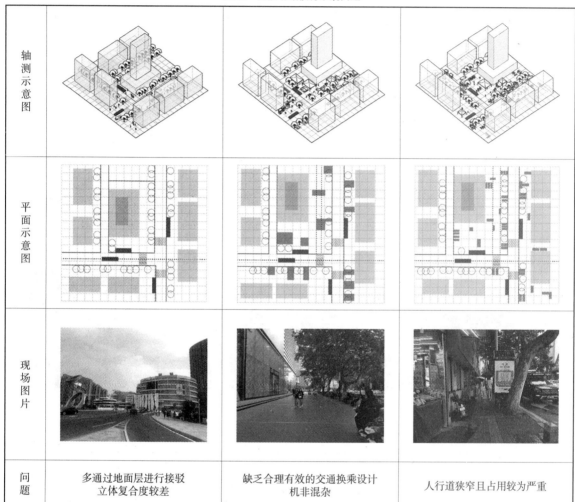

3. 节点广场基础设施数量少，品质较低

衔接场域内部的节点广场作为城市空间中的重要组成部分既是地块品质提升的保证，也是汇聚人群提高场域活力的重要推力。除去位于综合体地块的节点空间和城市中的重要广场，部分节点过于追求标志性和代表性导致尺度感过大，空间单一，基础设施数量少，绿化层次单调，缺乏适合人居聚集的隐蔽空间和活动场所的设计。以商业设施、游乐设施和停车设施为代表对场地和绿化设施的占用，多为无序临时搭建，严重影响广场内部人群活动的展开，阻碍了空间品质的整体提升。同时因固定设施造成的地砖、地灯等设施损坏和连接电线引发的随意改造，更是给周围人群带来了极大的安全隐患（表2.4）。

表2.4 衔接场域节点广场问题

| 轴测示意图 | | | |
|---|---|---|---|
| 平面示意图 | | | |
| 现场图片 | | | |
| 问题 | 部分场所过于单调 | 节点空间内部占用严重 | 节点空间时代久远<br>基础设施年久失修 |

## 2.3 轨道交通综合体衔接场域公共空间的经验借鉴

### 2.3.1 日本涩谷站域综合体衔接场域公共空间

表2.5 日本涩谷衔接场域公共空间

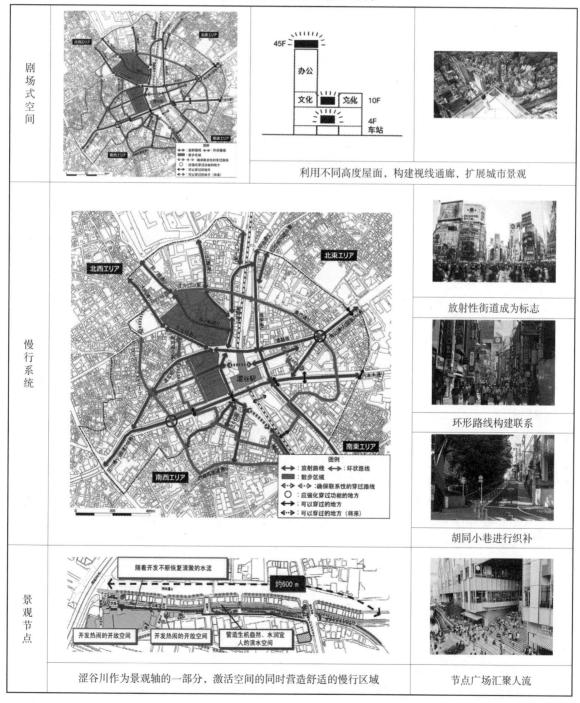

日本涩谷站作为东京连通首都圈东南郊区的重要转运枢纽，其强大的基础交通设施，使得众多百货公司和综合商场在周边汇聚，与新宿、池袋并列为东京三大副都心，是东京市内最具国际化和标志性的铁路交通枢纽商圈之一。为解决区域整体交通网络连接不畅，停留空间缺乏及建筑物老化等问题，2005年12月涩谷站周边区域被列为"都市再生紧急整备地域"，由专家、政府和轨道事业成立"涩谷站街区基盘整备检讨委员会"，制定了指导街区轨道及城市基础设施建设的《涩谷站街区基础设施建设方针》。随后为保障项目的顺利实施，2012年制订《涩谷站中心地区城市基础设施建设方针》，2013年形成涩谷站都市再生特别地区的规划提案，并通过联合公民协动的方式推进空间建设并取得显著成效[33]，以"交通枢纽功能的强化""引入提高国际竞争力的城市功能""防灾与环保"为贡献项目，争取到了增加容积率的奖励。

如表2.5所示，在衔接场域公共空间的具体营造上，与城市直接衔接的前广场与城市互为舞台与观众席的关系，以"剧场式空间"为设计理念，既要考虑作为文化传播据点的功能，满足车站、前广场与城市之间的视线通廊，又要考虑重要眺望点的视角，确保弥补不同高度广场空间的"视野遗漏"。Shibuya Sky作为涩谷最高塔楼的屋顶平台，通过开辟360°无遮挡的观景空间，使人们可俯瞰到东西两侧的站前广场和涩谷站前十字路口的繁忙景象。以Shibuya Hikaire为代表的城市核，通过玄关的设计手法在引导人流的同时，纵向联系上下7层公共空间，使得阳光的进入成为可能，并与城市中穿梭的行人形成视线互动，扩展城市景观。

在慢行系统的建设方面，为消解山谷地形引起的高度差和开发时序导致的街区分割问题，通过构建步行放射网络、环状联系和胡同小巷之间的联系，形成多层次复杂立体的慢行网络，营造出不同比例尺度感、愉快舒适的线型空间，具体操作可分为三个层面：（1）将连接车站和城市广场的宽广放射性街道作为支撑慢行系统的主框架，街两旁建筑除去个性设计以外，规模也相对较大，成为该地域门面的象征；（2）环形路线作为放射网络的东西联系路径，大大提高了区域内部的回游性，确保针对不同使用人群步行空间的实现，并在网络系统的十字路口及公交通换乘处，布置供人停留聚会的广场和休闲设施，提升了整个片区的空间品质；（3）通过对区域内部现存胡同小巷的更新，将放射网络与环状路线进行密集"织补"，沿着小巷和近道，门面小的店铺及事务所密集地排列着，构建出这一带特有的空间特色。

在景观节点公共空间的塑造上，通过行道树、原有河道的修整及配合设施更新形成的多样"看得见的绿色"，将新宿御苑、代代木公园、明治神宫等大规模绿地与涩谷站周边的繁华有机相连，依据现有地形构建绿水空间轴，营造出舒适、无碍的聚集场所。大规模的绿地作为区域景观的核心据点，内部绿色要素在此充分展开，市区景观亦被纳入绿色背景；建筑前广场作为汇聚人群的视线焦点,通过整合更新建立象征式高质量景观节点的方式,提高区域人们回游的可能,继而塑造热闹活力的"交流场所"。城市再生中大规模改造促使涩谷川全面升级,长约600 m河流沿岸散步道的设计,形成丰富的河畔生态步行街,成为如今新的网红打卡地。此外,涩谷站作为大量创意产业(音乐、时尚、影像、设计、IT等)的集结地,吸引了众多国内外游客,新兴功能如歌舞剧剧场"东急THEATRE Orb"、承担宣传功能的会议厅"HIKARIE大厅"的植入,在加强了区域自身文化属性的同时,极大地提升了吸引力和竞争力。

### 2.3.2 上海五角场站域综合体衔接场域公共空间

表2.6 五角场衔接场域公共空间

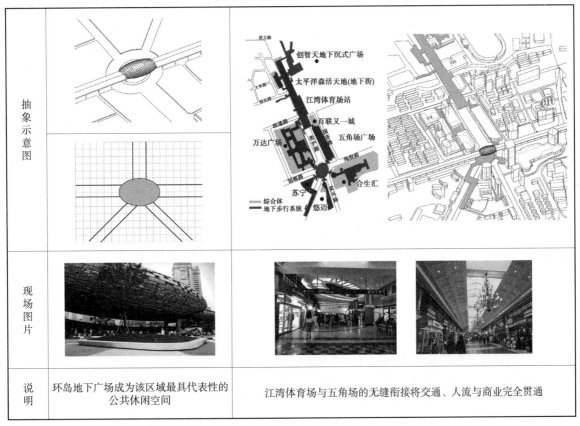

上海五角场位于上海市东北部,由于其准确的区域定位,因地制宜的交通规划,良好的商业业态和极具辨识的空间形态,使得五角场成为当下人群聚集度较高的四大城市副中心之一。五角场因地处五条城市干道交汇处而得名,周边分布着万达广场、百联又一城、苏宁电器、悠麦生活广场、合生汇国际广场等众多城市综合体,彼此之间通过地下廊道有机相连[34],随着商业项目的陆续注入和现代化交通、公共设施的不断发展,五角场区域整体优势陆续凸显,在各项政策的加持下获得了长足的进步。

在五角场衔接场域公共空间中,环岛下沉空间作为其中核心节点的代表(见表2.6),以五条地下通道将周边五个角的商业综合体有效相连,结合上空将高架环包呈发散结构的巨型彩包,成为该区的标志性城市景观。为提高空间的使用率,广场内部打破原有的一圈五线星状布局,利用种植池和景观小品创造出一系列生态绿化带,扩大行人行走空间,同时利用环形天幕和隔音板构建出全新明亮、具有现代感的"城市客厅",以此缓解噪音大及空间压抑等问题。

衔接场域中上部的中环高架与地面的环岛路网和地下的下沉广场构成了五角场地区慢行立体系统的核心。地面层,针对出租车和自行车专用停靠点的设计,保障了人车分流,为慢行系统的干净整洁打下了良好基础;地下层,随着太平洋森活地下商业街的贯通,江湾体育场站与五角场站正式"无缝衔接":整条地下步道沿淞沪路南北展开,14个出入口以及醒目易懂的导向配置,使得步行者可以通过舒适的环境到达五角场商圈的各个节点场所,减少了地面通行车辆、十字路口和红绿灯的干扰[35],带动了整个片区的商业联动性,商圈活力得以提升。道路地下空间、私有综合体地下商业空间与轨道交通枢纽站的一体化建设,确保了交通、人流、商业的畅通性,多样的娱乐设施和多层次的绿化布置,则使得场所在满足基本使用功能需求的同时,增加了空间的趣味性和吸引力,并在五彩斑斓灯光的映衬下,全方位彰显着空间的良好品质。

### 2.3.3 上海静安寺站域综合体衔接场域公共空间

"静安寺交通枢纽及商业开发项目"位于上海交通枢纽——静安寺站附近,紧邻静安寺与南京路,包含2号线、7号线两条地铁线路和10个出入口,因其利用现代手法在公共空间中融合上海独有历史特色,并将"高定位"商业、商务与周边商业、办公、文化旅游景点、休闲公园进行有机整合设计,而成为当年上海市政府"十一五"规划的重大综合体交通枢纽工程代表和著名的人气聚集地[36]。

项目内保存完好的毛泽东故居(见表2.7)现局部改造成为面向公众的文化艺术展览空间,在奠定核心节点红色革命文化基调的同时,又结合互动喷泉与片区建筑一起彰显出海派城市的独特韵味,加之广场内节日展览、特色集市的举办和休闲茶座、雕塑小品等的设置,不仅极大地丰富了人们的行为活动,更为整个街区的活力发展起到了积极的推动作用。此外,在多样临时性活动空间和准许机制的支持下,围绕建筑入口区设置的街头艺人表演点、户外餐饮区和夜间摊点,都从功能和时间维度保障了片区公共空间的活力。

表2.7 静安嘉里衔接场域公共空间

| 类型 | 平面示意 | 立体示意 | 实景图 |
| --- | --- | --- | --- |
| 节点空间 | | | |
| 地面人行 | | | |
| 空中连廊 | | | |
| 地下步道 | | | |
| 公园景观 | | | |

在慢行系统构建方面，地面层在考虑周边街道网格的基础上，从区域边界到内部支路结合城市文化和公共艺术，通过设定不同的主题绿化空间来营造舒适怡人的步行体验。如主干道的绿带设计以层次取胜：外部利用高大行道树划分边界隔绝噪音；中部利用移动花箱分隔空间形成点景效果，并在每个十字街头设置艺术大师的雕塑，打造"室外美术馆"；内部则在建筑墙面通过悬挂绿植的方式形成立体绿化。与主路不同的是，支路上由于大部分绿带紧邻商铺，因此采用上下两层简洁通透的植物层次，结合局部开放草坪留白来展现商铺立面。在地下层的步行网络中，以便利店和专卖店为代表的灵活点状商业设施的布置，既丰富了业态，提高潜在人群的购买力，也活跃了空间，增加地铁的部分收益。静安寺站作为大型地铁换乘站，人流量巨大，换乘距离较长，为减少长距离地下空间行走的不适感，车站地下空间通过界面的艺术化处理、清晰的环境标志和引路系统来提高整个空间的品质。如4号出入口在与欧芮百货相连的部分，通过墙面垂直绿化来增强标志性，并配合地面流线引导的艺术化处理，缓解人进入地下空间的心理落差。在晶品购物中心通道中，利用墙面的灯带布置来实现空间中视觉的延展，并通过统一墙面与天花板的色彩、壁画的装饰及富于变化的人工照明，营造出有趣的空间体验，以此减少空间的压迫感[37]。

作为片区内重要的景观节点，静安公园位于静安古寺对面，公园呈凸字形，32棵百年悬铃木为中心大道把公园一分为二：东部以静安八景为主要内容，西部则围绕自然山水为主题。整个园子处处体现传统造园技巧，以自然和人文为公园设计理念，用自然风景和山水曲径的组合来构筑贯通全园的观光交通路线。公园内亭台、楼榭结合，山水相宜、自然有致，营造出了一种小中见大、宛若天开的东方古典意韵。针对公园老年游客居多的特点，以休闲凉亭、座椅等可供停留的基础设施为主。

## 2.4 小结

轨道交通的白热化建设使得功能业态高度复合的轨道交通综合体成为沿线地块开发的必然结果，衔接场域公共空间作为联系综合体与公共空间的关键载体，其复杂多样的本质属性，决定了其所包含的多元行为活动势必受到社会各界关注。本章通过对轨道交通、城市综合体和公共空间的文献梳理，将衔接空间的概念扩大化，提出包含道路可达、建成资源和地块活力等因素在内的衔接场域公共空间，同时对我国公共空间发展态势进行归纳，即：土地的集约式利用，人性化、立体式的慢行体系构建和生态宜人的微观品质提升。针对目前衔接场域公共空间发展中与地块耦合度差、居民参与度低、设施简陋、质量堪忧等问题进行总结，选取日本涩谷、上海五角场和上海静安寺做实地详细调研，为后期针对衔接场域公共空间不同分类下的活力评价和优化策略的提出提供理论与现实依据。

# 3

# 方法——活力评价体系的构建

## 3.1 衔接场域公共空间的分类及活力指征

### 3.1.1 步行导向下衔接场域公共空间的分类原则

1. 以人为本原则

以人为本原则是衔接场域公共空间分类的核心所在。人作为空间的使用主体，彼此之间的联系是衡量一切关系的依据，具体包括人们的交往方式和心理诉求等。公共空间"以人为本"指的是不同空间（私密与开放，圆形与方形等）能够满足社会中不同人群交流使用的能力，如大尺度城市广场中的开放水景及草地是对人们积极参与的鼓励；小范围的下沉式景观节点，则因空间面积小、围合性高和整体相对封闭的环境效果，给人以安全可控的心理感受。如果将公众参与看作空间划分过程中的一个重要原则，那么人们在空间中所展现出的各种行为特征（交流、散步、通行等）则赋予空间以不同意义。

2. 空间适应原则

空间适应原则是衔接场域公共空间分类的重要依据。空间中的多样行为活动受到功能布局、空间尺度、界面形式等不同内容的影响，如：建筑入口空间以满足人流集散、引导的基本功能为使用前提，结合层层退台的下沉广场可为居民日常休闲提供潜在机会；街道空间构成了慢行系统的必要物质条件，不同的界面属性和小品绿化的植入则构成了丰富的感官变化，继而满足不同活动的使用需求；公园广场作为城市空间的重要节点因其内聚的品质属性和丰富的小品设施布局（桌椅、健身器材、景观装置等）形成了长时间停驻行为活动的发生场所。

3. 交通适应原则

可达性作为衡量空间到达难易程度的指征，受地理环境、交通状况及个体行为、视线、心理制约等要素的影响，轨道交通综合体衔接场域公共空间因其便利的公共交通使得空间的易达性成为片区发展的最大有利条件，加上清晰的标识系统、顺畅的界面形式和便利的设施配置都从不同角度保障了空间的易达性。这里需要注意的是，衔接场域不同类型公共空间对应着不同的空间到达能力，整体系统呈现出协同适应的特点。如建筑入口空间的可达性与轨道站厅的连接方式、公交站点和周围路网的密度密切相关，街道空间的可达性应考虑不同系统的通过能力及对应的立体交通整合能力，景观节点的可达性则受到内部各项基础设施建设情况和自身吸引能力等方面的影响。

4. 复杂系统原则

城市公共空间是一个具有一定层次、结构和功能，处在社会环境中内部极其复杂的综合系统，其产生、发展涉及社会学、环境心理学、环境行为学等多个学科内容，强调空间中多元要素之间的相互交织和相互作用，包含空间元素各自状态的复杂性、影响的复杂性，以及人行为活动的复杂性等。在各种复杂机制的作用下，城市空间发生着有序、多元的变化，各个环节充满着公共权益与私人利益之间的博弈，虽然通过用地开发、建筑界面、小品设施等诸多外在硬件来表征空间形态，但往往会受到以政治经济和技术文化为代表的内部软件因素的制约，因而整个系统呈现出一种动态连续的态势。

### 3.1.2 衔接场域公共空间的分类

表3.1 衔接场域公共空间的分类

| 空间分类 | 空间特征 | 典型空间 |
| --- | --- | --- |
| 界面型空间 | 建筑退让城市空间的过渡性空间 | 建筑用地红线范围内的出入口广场、室外与城市道路的接驳空间、屋顶花园 |
| 流线型空间 | 穿越性的空间 | 地铁大厅与综合体地下部分相衔接的过道空间、沿道路两旁（建筑红线以外）的街道空间、空中连廊 |
| 节点型空间 | 集会活动、娱乐休闲为主的空间 | 城市广场、绿地、公园等 |

考虑到衔接空间的平面组合方式、使用功能分布、行为活动需求和场所的开放性特征，将公共空间分为以下三种类型（见表3.1）。

（1）界面型空间：是指建筑退让城市空间而形成的过渡性空间，即建筑与城市耦合的部分，多分布于建筑红线范围内部，包含建筑的入口广场、与城市道路接驳的硬质铺地、屋顶花园以及地块内部的下沉广场等。值得注意的是，随着人们消费方式逐渐由观看式向体验式转变，在二维平面发展的传统界面型公共空间也逐渐被三维立体所替代，并依托不同界面形成特色主题，成为当下吸引人群的主要形式。如结合轨交站厅的下沉广场在组织流线疏散人群的同时，一方面根据广场的形态、大小，布置一定的休闲娱乐设施，为周边人气的汇聚提供可能；另一方面通过城市雕塑、中心喷泉的打造形成视觉焦点，构建项目记忆符号，继而增强项目的昭示性和代表性。如果说下沉广场在地下层拓展了城市的利用基面，那么屋顶花园则是在地上层实现了顶界面公共空间的高效利用。在城市高密度发展的背景下，屋顶花园在满足人们多元化需求的同时，其丰富独特的景观设计和适应行为的基础设施布置亦为城市空间增添了一抹清新的绿色，创造出更多空间使用的可能。

（2）流线型空间：多指建筑红线范围外穿越性活动发生的空间。主要包含三个层面：地下层地铁站厅与综合体衔接的过道空间；地面层位于衔接场域内、建筑红线外的街道空间，以及地上层将不同建筑体相连的空中通廊，将三者进行整合即形成了衔接场域慢行系统的主要框架。尽管站点综合体在轨道交通快速发展的推动下，成为当下城市空间的主要核心节点，但受施工时序、权属矛盾及政策缺失等问题的影响，站厅与建筑的联系大都以地下步道为主要形式，空间界面相对封闭，内部功能在结合交通疏散的基础上，多结合业态简单的便利店进行布置。街道空间作为地面层步行系统的主要承载界面，在智慧城市建设的大潮下，更加强调人本原则，结合周边城市功能，关注街道类型的转型、商业氛围的塑造、整体环境的美化和公共设施的布局等问题。空中通廊作为慢行系统的重要组成部分，因其可通过二层公共空间的系统构建形成"空中步行街区"而受到越来越多的关注，但考虑到空中权属立法和相关政策问题，国内的城市空中通廊大多仍停留在基础交通职能阶段，少数与城市边界和建筑业态无缝衔接的步道呈零散分布。

（3）节点型空间是以容纳休闲、交往集会活动为主的场所空间，多以衔接场域内部的区域广场和绿地公园为主要表现形式，其规划、布局和承担行为发生的能力是衡量城市社会文明程度和民众生活质量的重要标志。节点型空间在继承传统空间形式、功能变化和地域内涵的同时，呈现出的是文化传递及城市发展的新态势。随着城市探索由单纯物质转向精神文化，与节点空间有关的尝试也由宏观构思转变成微观人居，以人为主体，行为活动为目的的环境舒适度、场所便捷性、感性体验度等，均成为当下节点空间进化的内在推手。与城市其他区位的节点空间相比，衔接场域的节点空间无论是区域广场还是景观公园，都因其发达的公共交通和开放的场所姿态，汇聚了大量人流促使更多行为活动的产生；同时，绿植的引入和基础设施的完善，也为当下城市更新中地块活力的提升带来了更多机会和可能。

### 3.1.3 衔接场域公共空间的活力指征与内涵

通过前期的资料整理、文献查阅、实地勘探、专家访谈等方式，考虑到影响轨道交通综合体衔接场域公共空间活力的相关要素为一复杂系统，具体涉及多元因子、多样准则和不同目标，既包含对人主观臆断的定量描述，也囊括复杂结构的模糊计算，因此本研究尝试采用层次分析法构建影响衔接场域公共空间活力的因子框架体系。依据相关要素对行为活动的不同影响程度，将衔接场域公共空间的活力因子分为：基础支撑因子、分类特征因子和潜力促进因子三大类。

1. 基础支撑因子

高密度背景下城市空间的发展与交通规划息息相关，其中轨道交通的布局建设对沿线空间开发的影响最为剧烈。城市空间结构的形成既受到自上而下决策的推动，又与市场经济和社会传统密不可分，因此良好的空间活力多分布于交通汇集节点处、城市中心区和周边配套完善处。综上，本研究将衔接场域公共空间基础支撑因子类型分为：用地开发和可达性两个因子项来进行评价。其中用地开发中包含了表示与城市中心区关联程度的地块区位，保障空间使用绩效的人口密度、表示空间内部业态丰富的功能混合度以及表示周边地块业态的开发强度共计4个指标。可达性方面选取公共交通衔接程度（是否可换乘）、地铁站数量、公交站数量、公交线路数量和道路密度5个空间基础设施要素作为表达指征（见表3.2）。

表3.2 基础支撑因子构成表

| 因子类型 | 因子项 | 因子指标构成 |
| --- | --- | --- |
| 基础支撑 | 用地开发 | 地块区位（相距于城市中心区的位置），人口密度（人群拥挤度），功能混合度（周边业态构成：办公、居住、游乐场所），功能开发强度（周边地块功能投入使用程度） |
| | 可达性 | 公共交通衔接程度（是否可换乘），地铁站数量，道路密度，公交站数量，公交线路数量 |

## 2. 分类特征因子

依据前文对衔接场域公共空间类型的划分和相关特征的梳理，分别针对界面型公共空间、流线型公共空间和节点型公共空间提取出相应的活力要素，具体对应内容为：界面型空间——场所衔接因子、流线型空间——步行友好因子、节点型空间——活力开放因子（见表3.3）。

表3.3 分类特征因子构成表

| 因子类型 | 因子项 | 因子指标构成 |
| --- | --- | --- |
| 分类特征 | 场所衔接 | 空间的立体度（下沉广场、过街天桥），绿化度，衔接的复杂度（是否有出租车、自行车停靠点，公交站点），辨识度（出入口广场显著性），界面占地的大小 |
| | 步行友好 | 人行道的宽度、坡度，道路衔接的流畅度（被车行打断的次数），零售商业密度 |
| | 活力开放 | 景观小品密度，康体健身、休闲座椅等供人娱乐的设施密度，绿地率，使用波动幅度（早、中、晚人流量的变化对比，休息日、工作日人流量的变化），行为复杂度（活动类型的多样性：亲子游戏、散步、休息、运动等） |

在界面型空间——场所衔接因子中，作为综合体出入口广场以及向城市道路的过渡媒介，其空间职能主要通过人群的集聚来反映。空间的立体度，是指地面层——入口空间与地下层——下沉广场和地上层——空中连廊的融合程度，反映了城市到达建筑内部的能力。绿化度作为表示自然景观参与高低的指标，它的提升可有效增加人群的停留时间和再到访概率。衔接的复杂度，代表了空间内出租车、公交车、私家车和共享单车的

无缝衔接能力；辨识度则更多地与内部标识系统设置息息相关。界面型空间由于地处建筑红线及衔接场域内部与轨道交通综合体直接搭接的部分，既是通往建筑人群行为的起始发生点，也是城市结构中活力集聚的重要组成，因而受到来自社会各界的广泛关注。

在流线型空间——步行友好因子中，结合对城市交通职能的满足，将人行道的宽度、坡度和衔接的流畅度（被车行打断的次数）作为衡量道路舒适程度的主要指标，通过定量的方式进行测定；而红绿灯、交叉路口数量及道路两旁的零售商业密度等，则作为不可忽视的潜在要素影响着步行的路线选择和趣味体验。值得一提的是，流线型空间由于地处建筑红线外，受到施工时序及立法权属等问题的影响，目前仅有少数地块实现了空间层面的立体整合，大部分地区仍停留在对地面层的使用优化中。

在节点型空间——活力开放因子中，考虑到公园、广场、绿地较大的空间尺度和丰富的活动类型，可将影响其活力的因子指标主要分为娱乐设施配套和承载活力能力两个方面进行表征。设施配套方面，是指以景观小品、康体健身、休闲座椅为代表，供人娱乐、停留和使用的设施布置，相关数据主要通过网上数据爬取和实地计算来获取。对节点型空间承载活动能力的衡量，主要通过人群使用的波动幅度和行为复合度两个指标来进行表征，数据获取上，以热力图数据的爬取为基础，结合实地调研形成最终结果。

3. 潜力促进因子

除去主要的基础支撑因子和分类特征因子，一些利于人群集聚及场域活力提高的潜力促进因子也是不可忽视的存在，包括城市公共活动发生的等级和场域内活动对人群的吸引能力两个方面。随着消费行为逐渐由项目式转向体验式，针对不同衔接场域公共空间设定的主题文娱活动逐渐增多，相应活动等级也随着空间等级的提高而提高，小型的以各类节假日庆典为代表，大型的则以全市园艺博览会和运动会的召开为典型。在探讨活动对人群的吸引能力方面，除去相应的活动规模，活动的频次以及举办空间的面积也是应重点考虑的要素。数据收集上，则主要通过实地调研和相关网页的介绍来获取（见表3.4）。

表3.4 潜力促进因子构成表

| 因子类型 | 因子项 | 因子指标构成 |
| --- | --- | --- |
| 潜力促进 | 城市性公共活动 | 节庆活动（国庆节、园艺博览会、运动会）、旅游景点等级 |
| | 人群吸引 | 商业活动举办的频率，公园、广场、自然保护区的面积 |

基于以上分析，将之前提到的因子进行汇聚，初步构建出包含3个准则层、7个分类层和23个指标层的衔接场域公共空间活力评价体系（见表

3.5）：

表3.5 衔接场域公共空间活力评价指标初选表

| 目标层 | 准则层 | 分类层 | 编号 | 指标层 |
|---|---|---|---|---|
| 衔接场域公共空间活力 | 基础支撑 | 用地开发 | A1-1 | 地块区位 |
| | | | A1-2 | 人口密度 |
| | | | A1-3 | 功能混合度 |
| | | 可达性 | A2-1 | 轨道交通站点性质（是否换乘） |
| | | | A2-2 | 轨道交通出入口数量 |
| | | | A2-3 | 道路宽度、密度 |
| | | | A2-4 | 公交站点数量 |
| | 分类特征 | 场所衔接 | B1-1 | 空间的立体度 |
| | | | B1-2 | 绿化度 |
| | | | B1-3 | 衔接的复杂度 |
| | | | B1-4 | 辨识度 |
| | | 步行友好 | B2-1 | 人行道的坡度 |
| | | | B2-2 | 道路衔接的流畅度（被车行打断的次数） |
| | | | B2-3 | 零售商业密度 |
| | | 活力开放 | B3-1 | 景观小品密度 |
| | | | B3-2 | 健身等供人娱乐设施的密度<br>座椅等供人休息设施的密度 |
| | | | B3-3 | 绿地率 |
| | | | B3-4 | 公园、广场、自然保护区的面积 |
| | | | B3-5 | 行为复合度 |
| | 潜力促进 | 城市性公共活动 | C1-1 | 节庆活动（国庆节、园艺博览会、运动会）|
| | | | C1-2 | 旅游景点等级 |
| | | 人群吸引 | C2-1 | 商业活动举办的频率 |
| | | | C2-2 | 使用波动幅度 |

## 3.2 影响衔接场域公共空间的活力因子提取与确定

### 3.2.1 问卷的制作与搜集

基于前期文献整理和相关专家访谈形成了影响衔接场域公共空间活力评价的初选表，在对每个指标进行描述分析的基础上完成问卷，包括 4 个基本信息题和 22 个指标题（见附录）。通过网络和实地调研的形式进行发放，累计发放问卷 280 份，回收问卷 267 份，排除不符合要求的 3 份问卷，有效率达 94.3%。

基本信息统计发现，受访者女性占多数，达 64.44%，男性为 35.56%。年龄方面，以 19~30 岁为最多，占总数的 70.37%，其次是 31~50 岁，占 28.15%，究其原因：一方面 19~50 年龄段的人群为消费及工作的主力，同时亦是轨道交通综合体衔接场域公共空间汇聚人群的主要组成部分；另一方面，问卷发放采用的是"现场+网络"的调查方式，19~50 岁人群作为网络的核心使用者贡献出了最多的基础数据（见图 3.1）。交通出行方面，有接近 50% 的受访者选择公共交通为主要方式，其中公交车为 27.82%，地铁为 21.78%。值得一提的是，尽管地铁为衔接场域的公共空间带来大量人流，但在对人群出行选择的调查中发现，地铁在公共交通总出行方面

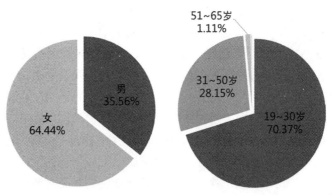

图 3.1 问卷性别及年龄分布图

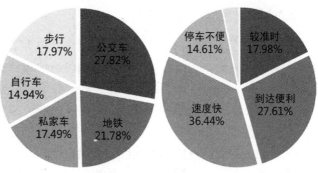

图 3.2 出行及原因分布图

依旧位居第二。因地铁线网较公交线网的局限性和便利度，女性更倾向于选择公交，男性则更多地考虑地铁快速、准确的特点而偏向地铁。在此基础上，针对出行原因进行调查发现，出行速度成为选择地铁出行的最大内在动力，占到总量的 36.44%；到达的便利程度、准时和停车不便等要素位居其后，分别占 27.61%、17.98% 和 14.61%。在此选项中，从性别角度来看，女性更加关注交通的快速到达，而男性则对准时有较高要求。年龄方面，50 岁之前各年龄段的选择仍以快速为主，准时亦成为不可忽视的另一要素，不同年龄的选择存在较小浮动；50 岁以后，出行便利一跃成为首要考虑因素，快速已不再成为影响选择的主要内容，与之前年龄段形成了鲜明对比。可以推断，地铁的出行选择与人们的最终目的及此时的身体状态有很大关系（见图 3.2）。

在综合体距离城市核心商业圈远近对出行影响调查中，有超过 55% 的受访者认为影响较大，并有 44.08% 的人表示对综合体附近人群的拥挤感到非常不适，其中女性更在意商圈的地理位置，而男性则对拥挤程度较为敏感。出行便利方面，超过 52.96% 的受访者会在出行时考虑衔接场域内地铁站点换乘的可能，并有 51.85% 的人群认为场域搭接的地铁出入口数量对出行便利与否起着非常重要的影响，女性在此贡献了较多的基础数据。约 57.41% 的人认为综合体附近的道路密度对出行有着不可忽视的影响，其中 32.22% 的人认为影响较大，13.7% 的人认为影响很大，3.33% 的人认为影响非常大。由于男性在出行方式选择中除去公交更加偏好私家车的使用，因此相对女性更加关注衔接场域机动车的停放位置和数量。在综合体周边公共空间对人流吸引的能力方面，67.04% 的受访者表示综合体上部的屋顶花园、联通地铁的室外下沉空间以及联系周边过街天桥的设置可极大提升自身空间的丰富性和趣味性。值得注意的是，在针对绿化影响出行体验的调查中发现，超过半数的人认为绿化的层次性和覆盖率并不会对出行有太大影响，但有近 90% 的人对花坛、雕塑等景观小品和健身、座椅等休闲设施的布置比较敏感，认为应加以重视，继而提高出行中的舒适度和愉悦度。此外超过半数的人认为附近景点的有无对整体空间品质有直接的影响，61.11% 的人承认商业主题活动对其的吸引力，以女性居多。

### 3.2.2 基于模糊德尔菲法的因子指标确定

由于影响衔接场域公共空间的活力指标要素过多，包含了不同的定性和定量因子，实际操作冗杂，为了提高体系框架的可行性和稳定性，使评价体系在简化的同时更加客观、真实，具有针对性，故采用模糊德尔菲法将影响较小的指标进行剔除。模糊德尔菲法即是在德尔菲法的基础上，结合模糊集理论，采用累积频率分布函数和模糊数交集，通过对统计问卷中被测人员数据的量化，克服调查中的模糊性和不确定性，进而寻求对特定预测对象一致性意见的判定。模糊德尔菲法作为群体决策过程中重要的统计预测方法，将其与德尔菲法进行结合，可使研究中量化的部分更易实现，在综合考虑受众人群主观思维不确定性和模糊性的基础上，构建出直观、合理的衔接场域公共空间活力评价体系模型。

根据问卷原始数据进行指标筛选，步骤如下：

1. 三角模糊函数的构建

通过整理统计调查结果的重要性评估值，针对每个指标建立其重要性三角模糊数，由式（1）和式（2）表示为：

$$C_i = (X_n^i, X_m^i, X_a^i) \quad (1)$$

$$X_M^i = (\prod_{n=1}^{n} X_i)^{\frac{1}{n}} \quad (2)$$

式中：$X_n^i$、$X_m^i$、$X_a^i$ 分别为因子 $i$ 的最低值、几何平均值和最高值，$n$ 为有效评估数。如表 3.6 所示，以 A1-1 地块区位指标为例，回收问卷数 267 份，经数据整理，该指标的重要性评估值最大值为 5，最小值为 1，由此可得出该指标的几何平均值为 3.213 4，以此作为衡量该指标的重要性评估水平。据以上数据可得出 A1-1 的重要性三角模糊数 $C_{A1\text{-}1} = (X_n^{A1\text{-}1}, X_m^{A1\text{-}1}, X_a^{A1\text{-}1}) =$ (1, 3.213 4, 5)。

2. 模糊数的转化

利用简易重心法求出指标三角模糊数 $C_i$ 的简易重心，从而将其转化为单一的模糊数 $Q_1$，由式（3）和式（4）表示为：

$$Q_i = (X_n^i + X_m^i + X_a^i) / 3 \quad (3)$$

如表 3.6 所示，再次以 A1-1 地块区位指标为例，可以计算出该指标的模糊数为 $Q_{A1\text{-}1} = (X_n^{A1\text{-}1} + X_m^{A1\text{-}1} + X_a^{A1\text{-}1}) / 3 = (1+3.213\ 4+5) = 3.071\ 1$。

3. 筛选值的确定

依据前两步，可计算得出每个指标的模糊数，随后将其作为原始数据，重复上述步骤，最终得出整个评价体系的单一模糊数，构建起整个评价指标体系的三角模糊数。由于该值考虑了每个指标的重心偏移，因此可作为整个评价体系模糊数的代表值，用于指标筛选。如表 3.6 所示，已知所有指标的最小值模糊值为 2.710 5，最大值模糊值为 3.404 2，可求得其几何平均值为 3.090 9，构建三角模糊数 $C = (2.710\ 5, 3.090\ 9, 3.404\ 2)$，再次使用简易重心法，求得整个体系的模糊数为 3.068 5。随后分别将各个指标的几何平均值与该体系模糊值进行对比，如评价体系中指标的几何平均值小于该值，则说明该指标没有达到整个评价模型的重要性标准，应被剔除；反之，则予以保留。经比对，指标 A1-3 功能混合度、B1-4 辨识度和 B3-5 行为复合度的几何平均值分别为 2.131 6、2.584 9 和 2.188 1，小于体系模糊数 3.068 5，故将其从评价体系中删除（见表 3.6）。

表3.6 衔接场域公共空间活力评价指标删选表

| 编号 | 指标层 | 最小值 | 最大值 | 几何平均值 | 模糊数 | 筛选结果 |
|---|---|---|---|---|---|---|
| A1-1 | 地块区位 | 1 | 5 | 3.2134 | 3.0711 | 通过 |
| A1-2 | 人口密度 | 1 | 5 | 3.3010 | 3.1003 | 通过 |
| A1-3 | 功能混合度 | 1 | 5 | 2.1316 | 2.7105 | — |
| A2-1 | 轨道交通站点性质（是否换乘） | 2 | 5 | 3.1529 | 3.3843 | 通过 |
| A2-2 | 轨道交通出入口数量 | 1 | 5 | 3.1660 | 3.0553 | 通过 |
| A2-3 | 道路宽度、密度 | 1 | 5 | 3.1617 | 3.0539 | 通过 |
| A2-4 | 公交站点数量 | 2 | 5 | 3.2126 | 3.4042 | 通过 |
| B1-1 | 空间立体度 | 1 | 5 | 3.1375 | 3.0458 | 通过 |
| B1-2 | 绿化度 | 2 | 5 | 3.0813 | 3.3604 | 通过 |
| B1-3 | 衔接复杂度 | 2 | 5 | 3.1900 | 3.3966 | 通过 |
| B1-4 | 辨识度 | 1 | 5 | 2.5849 | 2.8616 | — |
| B2-1 | 人行道坡度 | 1 | 5 | 3.0929 | 3.0310 | 通过 |
| B2-2 | 道路衔接的流畅度（被车行打断的次数） | 1 | 5 | 3.2206 | 3.0735 | 通过 |
| B2-3 | 零售商业密度 | 1 | 5 | 3.0813 | 3.0271 | 通过 |
| B3-1 | 景观小品密度 | 1 | 5 | 3.1012 | 3.0337 | 通过 |
| B3-2 | 健身等供人娱乐设施的密度 座椅等供人休息设施的密度 | 1 | 5 | 3.0980 | 3.0326 | 通过 |
| B3-3 | 绿地率 | 1 | 5 | 3.2189 | 3.0729 | 通过 |
| B3-4 | 公园、广场、自然保护区面积 | 1 | 5 | 3.4370 | 3.1456 | 通过 |
| B3-5 | 行为复合度 | 1 | 6 | 2.1881 | 3.0627 | — |
| C1-1 | 节庆活动（园艺博览会、运动会、国庆节） | 1 | 5 | 3.3041 | 3.1014 | 通过 |
| C1-2 | 旅游景点等级 | 1 | 5 | 3.2901 | 3.0967 | 通过 |
| C2-1 | 商业活动举办的频率 | 1 | 5 | 3.0686 | 3.0229 | 通过 |
| C2-2 | 使用波动幅度 | 1 | 5 | 3.1186 | 3.0395 | 通过 |

## 3.3 衔接场域公共空间活力评价的模型构建

### 3.3.1 分类指导下活力评价模型的构建原则

1.综合性原则：任何体系都是由多种相关要素整合而成，空间活力评价模型的构建是一项综合性很强的工作，涉及多个领域、学科，因此评价过程应统筹兼顾，综合考虑各级参数、标准，不仅关注体系内的联系，更要注意整体目标的达成，力求得到最佳的输出结果。

2. 定量与定性相结合原则：以定性的方法将衔接场域公共空间划分为界面型、流线型和节点型三类，并以此为特征梳理出影响活力的最初因子指标。随后在定性的基础上，利用模糊分析法和德尔菲法完成相关数据量化处理，继而构建出最终因子框架模型。与此同时，在影响衔接场域公共空间活力的评价体系中，既包含了以人群吸引为代表的定性指标，还将以数量密度为衡量标准的定量指征纳入其中，两者相结合，既从一定程度上控制了定性的主观缺陷，也使得定量结论更具针对性和科学性。

3. 简明科学性原则：各项评价指标的确定、数据的分析整理以及量化方式等必须在科学方式的指导下，将理论与实践有机结合，才能尽可能反映影响衔接场域公共空间活力各指标之间的真正关系。

4. 层次性原则：由于评价系统本身的多重属性，使得结构层次复杂成为其模型的主要特征之一。考虑到各要素之间相互关联，评价体系应从不同方面、不同层级来反映空间内的真实状况：一是在指标选择上要保证评价体系的全面覆盖，二是体系内部应通过一定的梯度实现逐级分类，同时明确指标间的相互关系。

### 3.3.2 构建因子的权重赋予

结合问卷数据，利用模糊德尔菲法对影响衔接场域公共空间活力的因子进行筛选确定，对具有针对性、能够反映不同分类特征的指标进行提取保留，使得整个评价体系在简化易懂的同时，更具实操性和客观性。针对已确定的指标因子，选取层次分析法，依据不同指标的重要性进行权重赋予。层次分析法（Analysis Hierarchy Process，简称AHP）是20世纪70年代由美国匹兹堡大学的塞蒂提出：将一个复杂目标分解为若干层次的多个元素，通过定性量化的方法算出总排序作为目标优化决策的系统方法。层次分析法适用于多因素、多准则、多目标的复杂系统量化，包括对人主观臆断的定量描述以及缺乏相应数据复杂结构的模糊计算等，鉴于其将定性与定量合理结合的优点，目前已广泛应用于资源分配、性能评价、经济管理、城市规划等多方面领域。以层次分析法为手段，通过GIS平台针对不同研究对象的评价分析是当下较为常见的研究方法，它可有效地将抽象影响因子转化为直观有形的决策图形，进而对不同指标要素的分布情况进行评价。将层次分析法引入影响衔接场域公共空间活力的相关研究，在这里，把因政策制度和经济活动带来的活力影响要素剔除在外，力图从客观的角度揭示同一区位不同类型下影响衔接场域公共空间活力因子权重的差异，找出其中的内在规律，为下一步优化设计形成相应指导意见。具体操作可分为以下三个步骤：

## 1. 建立分层模型，形成层次结构

以影响衔接场域公共空间活力的模型框架为基础，利用 YAAHP 软件将评价体系的因子进行分层建设，共计包含 1 个目标层、3 个准则层、7 个分类层和 20 个指标层（见图 3.3）。

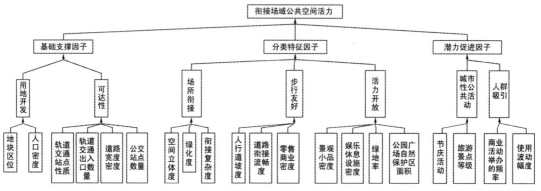

图 3.3 AHP 分层模型

## 2. 权重确定及一致性检验

（1）基础支撑因子

由表 3.7 可见，基础支撑因子中用地开发的地块区位与人口密度相比较为重要，因子权重占总比重的 0.444 5；可达性里，由于轨道交通综合体衔接场域公共空间受到来自轨道交通建设和人流影响，相较于其他方面，站点的性质（是否换乘）占有最大权重为 0.160 1；在公共交通的选择上，由于大部分城市仍处于轨道交通线网的完善过程中，因此在出行上对公交有着明显的倾向性，公交站点数量相较轨道交通出入口对空间活力有着更为明显的影响，权重为 0.078 1。

表 3.7 基础支撑因子权重表

| 编号 | 分类层 | 权重 | 编号 | 指标层 | 权重 | 分项权重 |
|---|---|---|---|---|---|---|
| A1 | 用地开发 | 0.666 7 | A1-1 | 地块区位 | 0.666 7 | 0.444 5 |
|  |  |  | A1-2 | 人口密度 | 0.333 3 | 0.222 2 |
| A2 | 可达性 | 0.333 3 | A2-1 | 轨道交通站点性质（是否换乘） | 0.480 3 | 0.160 1 |
|  |  |  | A2-2 | 轨道交通出入口数量 | 0.180 2 | 0.060 1 |
|  |  |  | A2-3 | 道路宽度、密度 | 0.104 8 | 0.034 9 |
|  |  |  | A2-4 | 公交站点数量 | 0.234 6 | 0.078 1 |

（2）分类特征因子

由表 3.8 可见，以节点空间为代表的活力开放特征对空间品质影响最大，占总比重的 0.493 4，其次是以界面空间为代表的场所衔接空间和以流线空间为代表的步行友好空间，不难看出，分类特征的权重分配与空间对人群汇聚的能力呈正向关联。在场所衔接因子中，空间的衔接复杂程度受到诸多关注，占总比重的0.164 0；其次为空间的立体度和绿化度，分别为0.103 3和0.043 4。步行友好因子中，道路的坡度和流畅度是影响空间品质的主要指标，分别赋予权重值0.103 3和0.065 1；由于流线空间主要承载城市的交通职能，故内部所包含的零售商业密度对活力影响较小，为0.027 3。活力开放因子中，景观小品密度和绿地率成为影响活力的关键要素，权重值为0.246 0和0.147 5，休闲娱乐设施的设置和公园广场等面积则占到0.067 4和0.032 5。

表3.8 分类特征因子权重表

| 编号 | 分类层 | 权重 | 编号 | 指标层 | 权重 | 分项权重 |
| --- | --- | --- | --- | --- | --- | --- |
| B1 | 场所衔接 | 0.310 8 | B1-1 | 空间立体度 | 0.332 5 | 0.103 3 |
| | | | B1-2 | 绿化度 | 0.139 6 | 0.043 4 |
| | | | B1-3 | 衔接复杂度 | 0.527 8 | 0.164 0 |
| B2 | 步行友好 | 0.195 8 | B2-1 | 人行道坡度 | 0.527 8 | 0.103 3 |
| | | | B2-2 | 道路衔接流畅度（被车行打断的次数） | 0.332 5 | 0.065 1 |
| | | | B2-3 | 零售商业密度 | 0.139 6 | 0.027 3 |
| B3 | 活力开放 | 0.493 4 | B3-1 | 景观小品密度 | 0.498 6 | 0.246 0 |
| | | | B3-2 | 健身等供人娱乐设施的密度 座椅等供人休息设施的密度 | 0.136 6 | 0.067 4 |
| | | | B3-3 | 绿地率 | 0.298 9 | 0.147 5 |
| | | | B3-4 | 公园、广场、自然保护区面积 | 0.065 9 | 0.032 5 |

（3）潜力促进因子

由表3.9可见，在潜力促进因子中，城市公共性活动的展开及其自身属性相较人群吸引占有更多权重，分别为0.666 7和0.333 3。针对公共活动的举办，旅游景点等级对空间活力的影响最为剧烈，占到总权重的0.533 4。人群吸引方面，愈来愈多的商业主题活动对人群吸引起着良好的提升作用，分项权重达0.266 6。使用波动幅度是反映该处人群汇聚的热力变化，由于工作日和周末的差别较大，这里取二者加权的平均值，占到分项权重的0.066 7。

表3.9 潜力促进因子权重表

| 编号 | 分类层 | 权重 | 编号 | 指标层 | 权重 | 分项权重 |
| --- | --- | --- | --- | --- | --- | --- |
| C1 | 城市性公共活动 | 0.666 7 | C1-1 | 节庆活动（国庆节、园艺博览会、运动会） | 0.200 0 | 0.133 3 |
| | | | C1-2 | 旅游景点等级 | 0.800 0 | 0.533 4 |
| C2 | 人群吸引 | 0.333 3 | C2-1 | 商业活动举办的频率 | 0.800 0 | 0.266 6 |
| | | | C2-2 | 使用波动幅度 | 0.200 0 | 0.066 7 |

## 3. 衔接场域公共空间活力评价框架的形成

将之前提到的因子指标进行汇聚，在衔接场域公共空间的活力评价中，基础支撑因子作为城市基本结构指标，于整个系统中占有重要位置，赋予40%的权重值。分类特征因子分别针对衔接场域的界面型空间、流线型空间和节点型空间的不同属性，对空间活力有着直接的影响，因而在系统构建中起到决定性作用，占总比重的45%。考虑到主题活动、旅游景点及城市偶然大型事件下对活力的带动，赋予其15%的权重。综上所述，结合具体指标，形成影响衔接场域公共空间活力的最终评价模型（见表3.10）。

表3.10 衔接场域公共空间活力评价指标权重表

| 准则层 | 权重 | 编号 | 分类层 | 编号 | 指标层 | 指标权重 |
|---|---|---|---|---|---|---|
| 基础支撑 | 40% | A1 | 用地开发 | A1-1 | 地块区位 | 0.177 8 |
| | | | | A1-2 | 人口密度 | 0.088 8 |
| | | A2 | 可达性 | A2-1 | 轨道交通站点性质（是否换乘） | 0.064 1 |
| | | | | A2-2 | 轨道交通出入口数量 | 0.024 1 |
| | | | | A2-3 | 道路宽度、密度 | 0.014 1 |
| | | | | A2-4 | 公交站点数量 | 0.031 3 |
| 分类特征 | 45% | B1 | 场所衔接 | B1-1 | 空间立体度 | 0.046 5 |
| | | | | B1-2 | 绿化度 | 0.019 5 |
| | | | | B1-3 | 衔接复杂度 | 0.073 8 |
| | | B2 | 步行友好 | B2-1 | 人行道坡度 | 0.046 5 |
| | | | | B2-2 | 道路衔接流畅度（被车行打断的次数） | 0.029 3 |
| | | | | B2-3 | 零售商业密度 | 0.012 3 |
| | | B3 | 活力开放 | B3-1 | 景观小品密度 | 0.110 7 |
| | | | | B3-2 | 健身等供人娱乐设施的密度 座椅等供人休息设施的密度 | 0.030 3 |
| | | | | B3-3 | 绿地率 | 0.066 4 |
| | | | | B3-4 | 公园、广场、自然保护区面积 | 0.014 6 |
| 潜力促进 | 15% | C1 | 城市性公共活动 | C1-1 | 节庆活动（国庆节、园艺博览会、运动会） | 0.019 9 |
| | | | | C1-2 | 旅游景点等级 | 0.080 1 |
| | | C2 | 人群吸引 | C2-1 | 商业活动举办的频率 | 0.039 8 |
| | | | | C2-2 | 使用波动幅度 | 0.010 1 |

### 3.3.3 指标量化及数据获取

#### 1. 指标分类

衔接场域公共空间活力评价体系中的指标按性质可分为定性指标和定量指标两类，定量指标主要通过实地调研和网络开放数据的爬取获得，共计14个；定性指标则通过调查问卷或面对面访谈的形式得出，共计6个（见表3.11）。

表3.11 衔接场域公共空间活力评价指标性质分类表

| 准则层 | 编号 | 分类层 | 编号 | 指标层 | 指标性质 |
|---|---|---|---|---|---|
| 基础支撑 | A1 | 用地开发 | A1-1 | 地块区位 | □ |
| | | | A1-2 | 人口密度 | ■ |
| | A2 | 可达性 | A2-1 | 轨道交通站点性质（是否换乘） | ■ |
| | | | A2-2 | 轨道交通出入口数量 | ■ |
| | | | A2-3 | 道路宽度、密度 | ■ |
| | | | A2-4 | 公交站点数量 | ■ |
| 分类特征 | B1 | 场所衔接 | B1-1 | 空间立体度 | ■ |
| | | | B1-2 | 绿化度 | ■ |
| | | | B1-3 | 衔接复杂度 | ■ |
| | B2 | 步行友好 | B2-1 | 人行道坡度 | ■ |
| | | | B2-2 | 道路衔接流畅度（被车行打断的次数） | ■ |
| | | | B2-3 | 零售商业密度 | ■ |
| | B3 | 活力开放 | B3-1 | 景观小品密度 | ■ |
| | | | B3-2 | 健身等供人娱乐设施的密度 座椅等供人休息设施的密度 | ■ |
| | | | B3-3 | 绿地率 | ■ |
| | | | B3-4 | 公园、广场、自然保护区面积 | □ |
| 潜力促进 | C1 | 城市性公共活动 | C1-1 | 节庆活动（国庆节、园艺博览会、运动会） | □ |
| | | | C1-2 | 旅游景点等级 | □ |
| | C2 | 人群吸引 | C2-1 | 商业活动举办的频率 | □ |
| | | | C2-2 | 使用波动幅度 | □ |

（备注：■ 定量指标 □ 定性指标）

2. 评价标准的确定

在定性指标的获取方面，主要通过将公共空间进行切片，针对若干小空间以现场发放调查问卷的形式进行打分（1~5分制）来确定，考虑到流线型空间过于狭长，故在步行友好分类因子中，以50 m为单位进行空间切割。针对零售商业密度、景观小品布置等可通过实地调研获得的数据，通过ArcGIS平台以点的形式建立相关数据库；针对人口密度、空间立体度、衔接复杂度等无法通过实地调研进行客观描述的因子，则利用现场打分的方式来获取评价数据。在定量指标的处理方面，主要结合数据爬取、网络资料购买和实地现场调研三种方式来进行获取，具体评价标准如下（见表3.12）：

表3.12 衔接场域公共空间活力评价指标评价标准确定

| 编号 | 分类层 | 编号 | 指标层 | 评价标准 |
|---|---|---|---|---|
| A1 | 用地开发 | A1-2 | 人口密度 | 打分（依据百度热力图分布图分1~5档打分） |
| A2 | 可达性 | A2-1 | 轨道交通站点性质（是否换乘） | 打分（依据换乘线路数分1~5档打分） |
| | | A2-2 | 轨道交通出入口数量 | 实地调研确定出入口分布 |
| | | A2-3 | 道路宽度、密度 | 道路分布 |
| | | A2-4 | 公交站点数量 | 实地调研确定公交站点位置及分布 |
| B1 | 场所衔接 | B1-1 | 空间立体度 | 打分（依据有无下沉广场、过街天桥分1~5档打分） |
| | | B1-2 | 绿化度 | 实地调研确定绿化面积及位置分布 |
| | | B1-3 | 衔接复杂度 | 实地调研/打分（地下停车场、出租车、公交车停靠点等位置） |
| B2 | 步行友好 | B2-1 | 人行道坡度 | 打分（依据不平整路面长度/路面总长度打分） |
| | | B2-2 | 道路衔接流畅度（被车行打断的次数） | 打分（依据道路交叉口数量分1~5档打分） |
| | | B2-3 | 零售商业密度 | 大众点评数据爬取POI位置及分布 |
| B3 | 活力开放 | B3-1 | 景观小品密度 | 实地调研确定位置及分布 |
| | | B3-2 | 健身等供人娱乐设施的密度 座椅等供人休息设施的密度 | 实地调研确定位置及分布 |
| | | B3-3 | 绿地率 | 实地调研确定绿化面积及位置分布 |

## 3.4 小结

在衔接场域公共空间分类的基础上，通过对大量文献的梳理和专家评价的汇总，初步提出影响公共空间活力的各项因子，随后依据空间活力评价体系的构建原则，利用模糊德尔菲法和层次分析法对衔接场域公共空间的活力因子指标进行筛选并赋予权重，构建相对真实可靠的评价模型。在数据获取上，依据不同性质的因子指标，采用网络开放数据爬取、实地调研、问卷调查等方式来获得，确保了一手数据的真实性和准确性，为后续的指标量化和评价提供了准确可靠的科学依据。

# 4

# 应用——衔接场域公共空间的活力评价

## 4.1 青岛市轨道交通综合体衔接场域公共空间的现状及发展

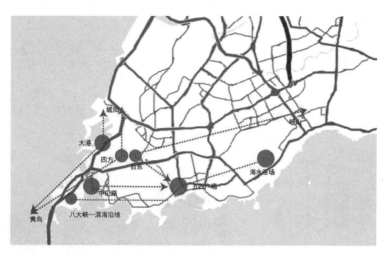

图 4.1 青岛重要节点空间格局

青岛位于山东半岛东南部沿海，胶东半岛东部，濒临黄海。青岛作为一个大型滨海旅游城市，和内陆城市在城市空间、结构上有着很大不同，山体、海湾、城市共同组合呈现出"环湾加腹地"的空间形态，这是青岛独一无二的城市特色，也是青岛区别其他滨海城市，吸引一众国内外游客的核心资源[56]。纵观青岛的城市发展史，无论是城市形态的转变还是内部空间结构的扩张，均呈现出趋近海洋的特点，滨海地带的发展明显优于城市腹地。同时在城市形象塑造方面，青岛始终围绕"山、海、湾"的主题，通过充分挖掘和利用海洋资源及中西方交融的历史文化内涵，来营造"海洋文化"的城市空间格局[38]（见图4.1）。尽管"山、海、城"的布局方式为青岛带来了大量的旅游资源，极大地推动了第三产业的发展，但山海阻隔，交通廊道辐射有限的弊端，使其组团化特征明显，城市布局较为分散，相较于常规平原城市，青岛对快速、高效的城市交通网络体系的渴求更为迫切。轨道交通作为拉近时空距离、支撑多点网络结构发展的主要手段，成为当下青岛城市建设的核心工作之一：截至2021年8月，青岛轨道交通累计运营里程达246 km，在建线路5条，位列全国第11位。可以看到的是，随着轨道交通线网的不断完善，青岛的城市布局逐渐被重新塑造，三期建设的批复更是缩小了南北、东西的区域落差,加快了环境品质的趋同,促进了产业发展的再平衡。并在织密东岸主城轨道交通网络,搭建西岸、北岸城区网络骨架的同时,将重点发展区域与重要交通枢纽相连,逐渐形成以轨道交通网络节点为核心,以廊道集聚式发展为模式的高效型城市框架。

### 4.1.1 青岛市衔接场域公共空间的发展现状

#### 1. 界面型空间发展现状

青岛市衔接场域的界面型公共空间整体规划较为平淡,广场空间除去满足基本的人流疏散功能外,鲜少设计针对活力提升的相关设施,绿化景观规划欠缺设计感(见图 4.2)。可达性方面,在目前调查的 11 个轨道交通综合体中,地铁出入口大都位于地块外部,仅有五四广场站的万象城、石老人浴场站的金狮广场和李村站的乐客城通过下沉广场、屋顶花园等来进行界面的立体化构建(见图 4.3、图 4.4)。通过向下开挖下沉广场的形式,形成立体空间维度上的人、建筑、空间的良好互动,出入口广场与下沉广场面向城市开放,增加建筑与城市的交融性,其他的 8 座综合体与城市仍以地面衔接为主要联通方式,立体耦合度较差。

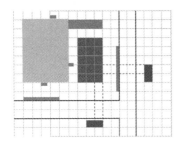
图 4.2 界面型现状示意

图 4.3 界面型空间地铁出入口

图 4.4 界面型下沉广场

#### 2. 流线型空间发展现状

青岛独特的自然条件和历史原因,形成了丰富的街区肌理,作为一个海滨绿色城市,近年来依托城市特色,结合历史文化积淀,通过对海滨、河滨、山体等区域绿道的打造,着重改善优化了可供行人和骑行者进入的慢行空间,尤其是依托天然海岸线优势打造的滨海人行步道(见图 4.5、图 4.6),更是为青岛增加了一道亮丽的风景线。尽管衔接场域中的流线型空间依旧以交通职能为主要内容,但随着人们消费行为的改变,具有生活娱乐功能业态如报刊亭、无人便利店的占比逐渐增加,甚至在某些车行较少的支路占据主体位置。与此同时,在城市更新的推动下,针对地面层的街道环境塑造方面,多考虑与海滨城市地域元素的融合,通过绿化、盲道、公交站点等要素的有机整合,将城市的不同节点进行串联,营造出怡人的步行氛围(见图 4.7)。针对地下通道的空间设计中,往往在步行网络中将城市公共空间的开敞性与连续性纳入其中,以便最大范围地包容城市活动，增加不同基面之间的互动性。鉴于青岛城市的旅游属性，虽然流线型公共空间已受到当地政府的足够重视，但怎样结合现有基础，在满足基本职能需求的同时，通过丰富多样业态联系不同公共节点，为空间提质，是当下仍急需考虑的重要问题。

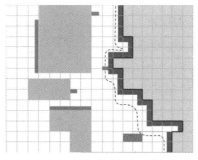  

图 4.5　流线型现状示意　　　　图 4.6　滨海步行道观景台　　　　图 4.7　休闲人行步道

3. 节点型空间发展现状

青岛作为国家历史文化名城和首批中国优秀旅游城市，其独特的海洋景观和地形优势，促使内部公园广场众多，可大概分为近海景观节点和远海景观节点两部分（见图 4.8）。在实地调研中发现，近海景观节点作为城市与海洋过渡的媒介空间，其整体规划、空间形态、设施陈设等均受到海洋文化的影响，普遍具有清晰的空间布局和易读的标识体系，如五四广场中五月的风、水秀广场的如是书店（见图 4.9）等。除此之外，节点内部均设有供人停留休息的座椅、花坛等娱乐休闲设施，且多以流线型出现，同海洋文化形成良好呼应。与近海景观节点不同，远海景观节点以满足周边居民聚会、休闲游乐为主要目的，形式内容彼此之间并无本质区别。值得一提的是，自 2017 年以来，青岛便充分利用城市边角的"零碎地"，通过留白增绿、拆违建绿、见缝插绿、破硬植绿等方式，在中心城区、老城区增设以口袋公园为代表的小微绿地，并结合步道、座椅、儿童游乐园等设施的布置，提高市民游园的便利性和舒适性（图 4.10）。截至 2020 年年底累计建成口袋公园 311 个，极大程度地缓解了高密度城市中心人们对绿色的需求，为城市更新下旧城活力的复苏起到了良好的推动作用。

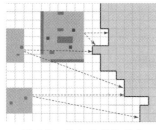  

图 4.8　节点型现状示意　　　　图 4.9　水秀广场——如是书店　　　　图 4.10　转角口袋公园

### 4.1.2 青岛市衔接场域公共空间的发展原则

1. 整体性原则

衔接场域公共空间品质的提升应从区块的整体角度出发，以系统性为前提，以实现界面型、流线型和节点型之间的多样衔接为目的，在突出自身属性特点的基础上，结合青岛独特的山、城、海格局，打造包含多种层次、多维立体和多元要素在内的全覆盖系统格局。公共空间的社会意义远远高于其内部设施的美学意义，政府作为城市公共空间开发建设的主导，应在规划决策过程中充分考虑不同人群的使用特征，整合群众需求，带动社会参与，继而推动公共空间的活化利用，提升市民的满意度和幸福感。

2. 一体化原则

衔接场域公共空间是在轨道交通建设的背景下，依托沿线地块开发，以区域立体整合和高空间利用率为指导思想，对站域地块进行一体化的复合空间设计。随着轨道线网的日趋完善，针对站点的土地开发逐渐成为各城市设计的重点所在。《青岛市城市综合交通规划（2008—2020）》中明确指出："应通过公共空间内多维一体交通模式的打造，解决私家车、公交车和轨道交通之间的换乘需求，继而优化步行系统，引导城市空间形成有序组织。"以一体化为思想指导衔接场域公共空间的建设，可有效打破空间隔阂，增强地区的可达性、提高人群的参与度，进而实现界面型、流线型与节点型空间的公共化与开放共享。

3. 海洋文化融入原则

青岛市城市与空间形成与发展皆与海洋息息相关，独特的地理区位与历史发展脉络，造就了青岛市独树一帜的地域文化特征，青岛的海洋文化包含自然景观（八大关、海水浴场）、民俗风情（蛤蜊节、赶海）、建筑肌理（红瓦绿树）等，在青岛城市公共空间发展过程中，将海洋文化融入其中，就是实现空间、自然、人文、建筑的交融，城市公共性空间作为交流、聚集区，承担着传播城市地域文化与实现大众休闲娱乐的双重功能，空间中的海洋文化的融入与体现可以实现对人潜移默化的影响，比如城市广场因形就势、临海而建，空间形态、内部设施、宣传标语等皆可传达城市的海洋文化内涵。

### 4.1.3 青岛市衔接场域公共空间的现存问题

1. 界面型空间——立体化建设不足

目前围绕青岛轨道交通综合体开发的衔接场域界面型公共空间的问题主要存在三个方面：一是普遍缺少绿化，与城市空间多用生硬的铺地进行过渡，场所内设施业态单调，缺乏生机和趣味性，与青岛"红瓦绿树"生态城市的形象不相匹配；二是在多维立体构建方面，界面型空间样式单一，鲜少下沉式广场和过街天桥，无法对人流形成有秩序、有目的的引导；三是界面型空间内部以公交站点、出租车落客区和自行车停放点为代表的基础设施数量不足，布局位置不甚理想。

2. 流线型空间——顺畅度不足

在对青岛市综合体衔接场域公共空间的实地调研中发现，以街道为代表的流线型空间多存在路面起翘、积水等状况，对步行的舒适度体验造成了极大的影响；同时，地面铺装混杂脏乱缺乏统一协调，路面整洁度较差，即便是重点打造的滨海栈道，也因养护问题而频遭群众诟病。值得一提的是，调研过程发现，有近一半以上路段存有设施摆放位置不合理，摊贩侵占道路的现象，严重阻碍了流线型空间的整体通行，增加交通隐患。另外，旅游区附近流动商贩缺乏管理，摊位摆放混乱的问题，与周边密集人流形成了鲜明对比，交通拥挤的现象屡见不鲜，严重影响了市容市貌。

3. 节点型空间——综合品质不高

通过对青岛衔接场域节点型公共空间的调研发现，无论是大尺度的城市景点公园，还是小规模的街边口袋绿地，往往因过于强调外在形式上的构图美抑或是设计上的标新立异，而造成整体尺度的失调和实用功能的缺失，并未把人的切实需求置于首位。节点型空间内部，由于景观小品数量偏少，配套设施不尽完善，导致居民无法参与相关活动，大大降低了空间对人群的吸引。此外，公园设施陈旧，废弃物随意摆放、随意侵占活动场地的现象屡见不鲜，部分节点型空间作为建筑的附属品更是失去其应有的合理公有性[39]，与青岛国家化的城市形象差距甚大。

## 4.2 轨道交通综合体衔接场域公共空间的选取及评价

### 4.2.1 衔接场域公共空间的选取

根据前文所述分别选取青岛2、3、13号线中清江路站的保利广场、李村站的乐客城、苗岭路站的丽达购物中心、石老人海水浴场站的金狮广场、五四广场站的万象城、延安三路站的海航万邦中心等10个轨道交通综合体衔接场域公共空间进行实地调研（见图4.11）。调研中发现，在界面型公共空间中仅有延安三路站的海航万邦中心、五四广场站的万象城和石老人海水浴场站的金狮广场利用下沉广场将地铁站点与城市空间有效相连，不仅解决了交通的分流问题，还在空间和视觉效果的丰富上起到了极大的推动作用，形成一个围合有致、具有较强归属感的广场空间，提高了消费者的认同感和参与度。在立体层次的构建上，保利广场采用多首层设计，通过"室内+室外"融合的设计模式，打造人、街互动的开放式格局。万象城一方面在临城市干道一侧的边界采取内凹式的设计策略，形成半包围的户外广场，实现城市公共环境对建筑的主动"入侵"；另一方面通过对

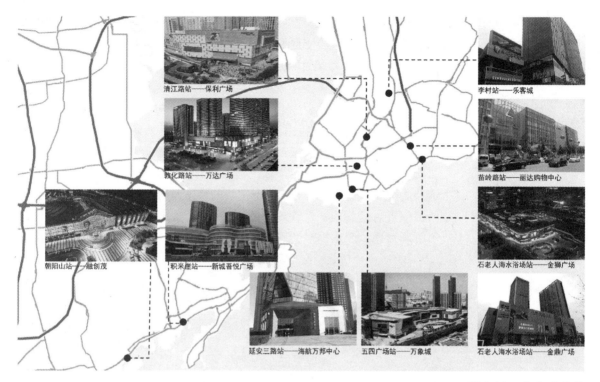

图 4.11 青岛站域综合体分布图

近 10 m 地形高差的巧妙利用，营造出阳光平台、瀑布景墙、室外剧场及跌落水景等独特的空间体验和视觉盛宴。金狮广场作为青岛首个采用退台设计的大型综合性购物中心，结合建筑高差将空间与商业业态有机整合，在丰富消费者户外体验的同时，增加了品牌的展示面。值得一提的是，与金狮广场仅一街之隔的金鼎广场，无论是在内部空间的设计上，还是在外部公共场域的塑造上，都缺乏一体化的整合建构，有着明显的视觉和体验差距，主要依靠平价业态和便民餐饮来吸引人流。

针对流线型空间的调研发现，在实地走访的 10 个轨道交通综合体衔接场域中除去万达广场、丽达购物中心开业较早以外，其他综合体大都地处核心商圈且运营不超过 5 年，因而场域内的街道空间大都设施完备，干净整洁，整体优于城市的平均水平，并以金狮广场周边的海尔路最为突出。海尔路绿道在承载城市交通职能的基础上，利用色彩对行人和自行车的通行区域进行划分，将"生态优先、以人为本"作为设计理念，通过木栈道、健身跑道等慢行元素和儿童乐园、雨水花园等游憩设施的加入，为市民营造出兼具使用功能和生态效益的城市绿廊。与之相反，尽管乐客城地处青岛面积最大商圈的中心地带，建筑内部通过中心舞台、水系景观带及生态广场的引入，成功实现了别具一格的快乐消费体验，但因整个商圈人流众多，缺乏有效的交通规划，致使周边场域呈现出无序凌乱的状态，路面破损、设施陈旧、暗渠盖板松动等问题更是屡见不鲜。

节点型空间中，得益于青岛独特的地理环境，除去万达广场近乎所有的衔接场域都有较好的绿化景观资源，如临近五四广场的万象城，临近石老人海水浴场的金狮广场、金鼎广场和丽达购物中心，临近李村公园和中央三角绿地的乐客城等，都直接或间接获得了良好景观资源所带来的人群红利，以及环境品质的提升。如作为青岛地标的五四广场，虽广场尺度过大，内部除去"五月的风"鲜有供人停留的设施，但因其象征意义大于使用意义，故而吸引着海内外的游客慕名前往。与五四广场不同，石老人海水浴场通过售货亭、太阳伞、儿童游戏场所、智能冲脚设施的布置，吸引着大小人流，为人们使用带来方便的同时，营造出城市客厅应有的亲民姿态。值得一提的是，尽管节点型空间的存在会有效提高衔接场域的活力，但诸如设施破损、管理不善、环境脏乱等问题的发生，依旧会对活力有着一定的负面影响。位于李村中央的三角绿地，上设大面积硬质铺地，下部维客星城目前仍处于停顿待开业状态，地处黄金地带却未发挥应有的活力带动作用；双山公园虽经过整治设有梯田花海、座椅廊架、儿童活动等休闲娱乐设施，但长期管理滞后，私埋乱葬侵占山体公园现象时有发生，大大降低了人们的游园舒适度。

通过对青岛市南区、市北区以及黄岛区多个轨道交通综合体的实地调研，在综合考虑衔接场域公共空间的面积规模、立体开发和丰富程度的前提下，选取五四广场站的万象城（见图 4.12）、石老人海水浴场站的金狮广场（见图 4.13）和李村站的伟东乐客城（见图 4.14）作为研究对象，对其衔接场域公共空间的活力展开研究。

图 4.12　五四广场站——万象城

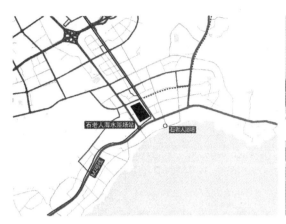 

图 4.13　石老人海水浴场站——金狮广场

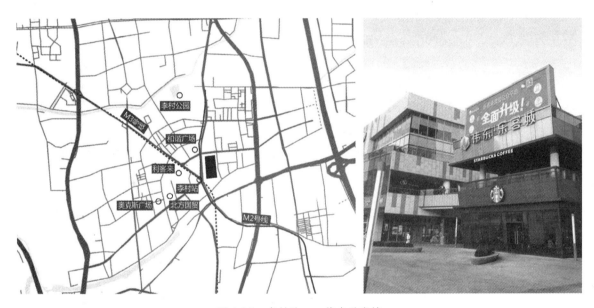

图 4.14　李村站——伟东乐客城

### 4.2.2　衔接场域公共空间的划定

以城市中观视角为切入点,以时间地理学为基础,在综合考虑城市交通条件、道路设施和行人活动规律因素的基础上,将衔接场域公共空间的范围界定为：以轨道交通综合体各出入口为起点,步行 10 分钟（约 800 m）所能达到的空间距离。本研究对衔接场域的界定,是在大数据支持的背景下,利用 Python 对行人活动数据进行爬取,随后将其合并导入 ArcGIS 平台实现相关数据的可视化分析处理过程的结果。相较于传统的以站点为中心以某直线距离为半径画圆和现场勘测多点跟踪的方法,该操作更加准确高效、科学动态且贴合现实。综上所述,将以综合体各出入口为起点,步行 10 分钟的交通时空范围进行叠加,即可得到万象城、金狮广场、乐客城的最终衔接场域公共空间范围（见图4.15～图4.17）。

图4.15 万象城衔接场域界定　　图4.16 金狮广场衔接场域界定　　图4.17 乐客城衔接场域界定

结合万象城、金狮广场和乐客城衔接场域公共空间范围的界定可发现：一方面以人的行为活动为切入点，将"步行范围圈"从城市空间环境中准确提取的方式，使得中观视角下对城市公共空间的精细操作成为可能；另一方面，依托大数据完成的行为活动获取，在保障数据准确性和易操作性的同时，提升了城市公共空间研究的科学性与高效性，为设计师寻求城市设计的新思路和新方法提供研究建议。

### 4.2.3 衔接场域公共空间的活力评价

1. 基于现场实地调研的一手数据获取

为获取万象城、金狮广场和乐客城衔接场域公共空间的一手数据和相关资料，于2019年11月至2020年1月，分3次进行实地数据采集。同时结合前期研究，完成现场问卷的发放调查，累计发放问卷100份，回收97份，有效率达97%。

（1）五四广场站——万象城衔接场域公共空间

在对万象城衔接场域公共空间的实地调研中，选取万象城出入口广场、山东路与香港中路两侧的沿街道路、五四广场和万象城屋顶花园分别作为界面型空间、流线型空间和节点型空间的代表（见图4.18），累计调研景观小品设施340处（如花坛、指示牌、路灯雕塑、垃圾桶等）、娱乐休闲设施170处，在统计基础设施的同时（如出租车、自行车、公交车停靠点，地下停车场等），对实地情况进行记录，建立完善相应数据库。调研中发现尽管万象城有着较高的人气，但作为界面型公共空间的出入口广场使用效率较低，在与城市空间衔接的位置多以硬质铺地为主要内容，较为生硬。立体构建方面，尽管有下沉广场、屋顶花园的加入，但彼此之间联系薄弱，无法形成高效宜人的慢行循环。周边街道作为最繁忙的城市主干道之一，虽在步行流畅度和绿色景观植入方面有较好表现，但慢行步道中地砖的年久失修以及休闲设施的缺乏仍是影响品质提升的主要问题。五四广场作为青岛的地标之一，活动形式丰富，基础设施配套完善，强大的人群凝聚力成为万象城人气提高的潜在动力。

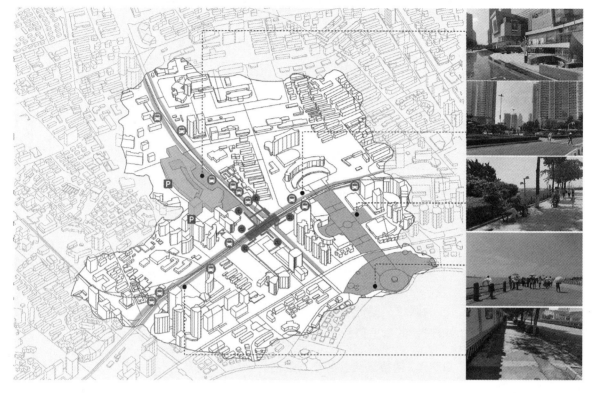

图 4.18 万象城衔接场域公共空间现状调研

（2）石老人海水浴场站——金狮广场衔接场域公共空间

在对金狮广场衔接场域公共空间的实地调研中，选取金狮广场出入口西面广场、海尔路与香港东路两侧的沿街步行空间，以及近海的水秀广场分别作为该衔接场域公共空间界面型、流线型和节点型的代表（见图4.19），在完成对 230 处景观小品设施、101 处娱乐休闲设施、15 处交通节点（含公交站点、地铁出入口、出租车停靠点等）调研的基础上，构建地理信息数据库。调研中发现，在界面型公共空间中，下沉广场的植入较好地打破了地面单一联系的呆板印象，通过多首层的营造方式将地铁出入口与广场、城市与建筑整合相连，在方便人群到达使用的同时，极大地提高了底层的商业价值。流线型空间中，尽管海尔路作为滨海步道的重要一环，在步道质量和绿化数量上有了较大提升，但荫蔽空间的缺失大大降低了慢行的舒适体验，街道氛围感的打造仍处于初级阶段。此外，滨海步道节点间的串接感较低，界面型空间中的立体设计手法并未在此进行延续，缺乏诸如移动报亭、无人超市等便民设施的加入。节点型空间中，水秀广场作为重要的滨海地标景观之一，包含着青岛第一家 24 小时开放的城市文化客厅——如是书店，它以多元包容的文化产品、公共开放的文化服务和温暖互动的文化理念，吸引着各类人群前来体验，成为整个公共空间人气聚集的强磁针。

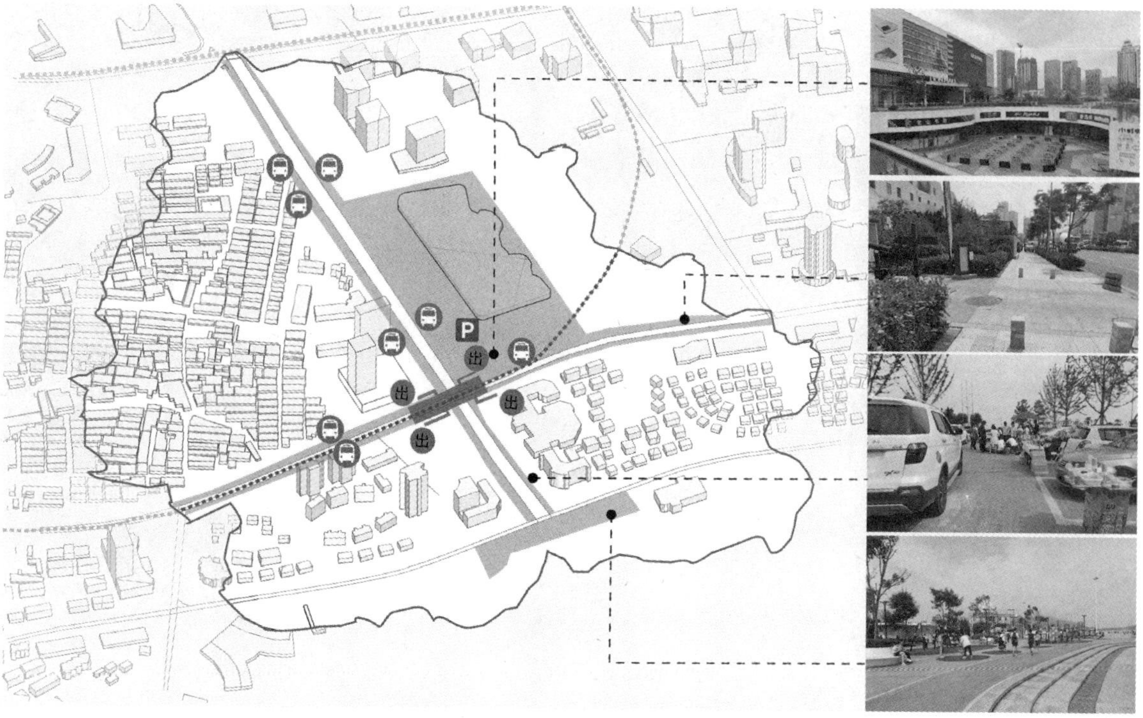

图 4.19　金狮广场衔接场域公共空间现状调研

（3）李村站——伟东乐客城衔接场域公共空间

在对伟东乐客城衔接场域公共空间的实地调研中，选取场地内部的两处休闲广场、夏庄路与京口路两侧的街道空间以及维客广场、李村公园，分别作为公共空间三种类型的代表（见图 4.20）。通过对 125 处景观小品设施、87 处娱乐休闲设施、22 处交通节点（含公交站点、地铁出入口、出租车停靠点等）的调研发现：乐客城以"河谷"为设计理念，通过超 20% 的绿化面积和水系景观带的打造，使得界面型空间呈现出良好的怡人状态。流线空间地处李村商圈的核心地带，大量商业和综合体在此高度集中，与滨海步道相比，无论是慢行的便捷度还是舒适性，都不尽如人意，在繁忙交通的映衬下更显嘈杂破旧。节点空间中，维客广场与维克星城上下整合，利用地下通道将周边建筑与地铁出入口有机相连，构建出一个庞大的地下空间慢行网络。尽管地面广场的设置缓解了商圈核心区绿化稀少的尴尬，但内部近 8 成地面仍为硬质铺地，加上为了满足人流疏散和地下停车所设置的诸多内部开口，以及地下商业运营所必需的风机电箱的摆放，无论是从慢行的流畅度还是从视觉的可观度，都极大地降低了节点场地的舒适性体验，无法形成良好的人群聚集和活力提升。

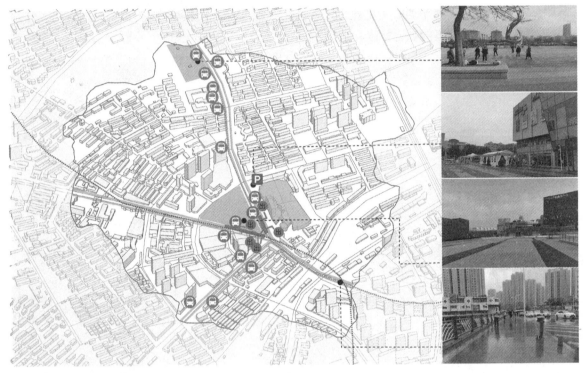

图 4.20　乐客城衔接场域公共空间现状调研

**2. 衔接场域公共空间活力的影响因子评价**

依据前期构建的衔接场域公共空间影响因子模型，通过 ArcGIS 平台利用城市空间网络分析技术（UNA）、Kernel 密度分析等工具，对万象城、金狮广场和乐客城衔接场域公共空间的因子进行分析。这里需要指出的是，由 MIT 城市形态实验室于 2012 年基于 ArcGIS 开发的空间形态分析工具——UNA，是对 "空间点 + 道路网络" 进行的函数分析，即是在空间句法的理论基础上，以分析区域的 "道路网" 为范围，以建筑出入口、公交站点等重要枢纽为节点，来探讨城市复杂情况下的建筑空间关系。与空间句法不同的是，UNA 既可以将单体作为研究对象，也可以提取目标的特定属性对其赋予权重（如面积、人数、数量等），因而有着更高的准确性和现实性。故本研究中，考虑到周边建筑对人群的吸引力，以建筑总面积为权重，以 800 m 为搜索半径，以到达（Reach）为指标对三个衔接场域进行分析。

（1）五四广场站——万象城衔接场域公共空间影响因子分析

利用 UNA 对万象城衔接场域进行分析发现（见图 4.21）：空间聚集度在山东路和香港中路交叉口达到顶峰，随后沿道路走向呈递减趋势。山东路东、西方向和香港中路南段衰减不明显，香港中路北段，尤其万象城北部呈现急速衰减态势；五四广场周围有较好聚集表现，万象城虽表象较好，但与五四广场相比仍存有一定差距，聚集能力有待提高。由此可推断，在万象城衔接场域公共空间中，流线型和节点型的聚集度表现较为良好，

4 应用——衔接场域公共空间的活力评价

图4.21　万象城衔接场域UNA（Reach）分析

但界面型空间的活力聚集能力仍需加强。

将实地调研与万象城衔接场域公共空间活力因子分析对比可发现（见图4.22、图4.23）：该区域的活力表现与UNA的空间聚合指征基本吻合，以山东路与香港中路交叉口附近和五四广场周边的活力最为突出，山东路

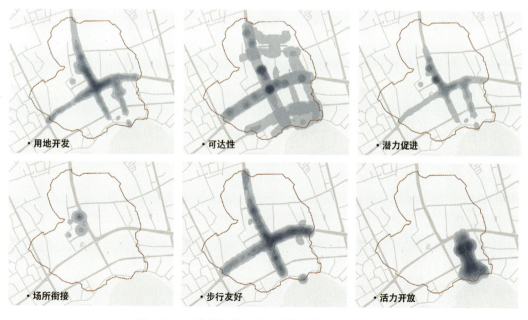

图4.22　万象城衔接场域分类层活力影响因子分布

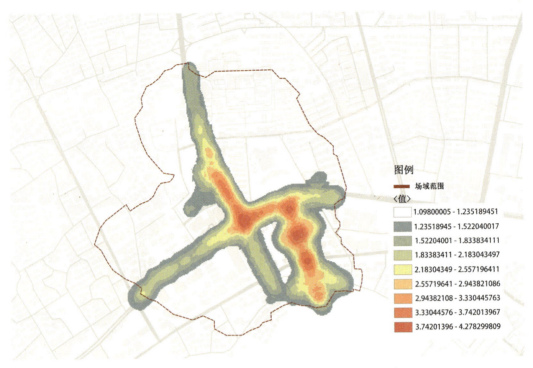

图 4.23 万象城衔接场域公共空间活力影响因子分布

西侧路段与香港中路南侧路段活力表现较差。在界面型公共空间中，万象城的入口广场和下沉广场并未有效相连，使得活力无法形成连贯效应，加之绿化面积欠缺、广场单调乏味，整体活力略显不足。流线型空间中，尽管实地调研中道路的流畅度与舒适度都表现良好，但考虑到五四广场强大的引流作用，使得道路活力分化严重，尤以香港中路最为明显，此处与UNA 所呈现的聚集能力有较大的差别。节点型空间中，由于空间规划、设置配置、活动举办等因素，部分区域活力明显，如靠近北部两翼的休闲广场，因其可达性好和休闲娱乐设施的合理设置，促使老人、小孩及游客在此集会休息；与之相反，南部的近海空间活力明显不足，与临海环境优势资源不相匹配，广场整体活力分布不均。

（2）石老人海水浴场站——金狮广场衔接场域公共空间活力影响因子分析

通过 UNA 对金狮广场衔接场域进行分析可发现（见图 4.24）：与万象城相比，该区域整体建筑密度较低，空间聚集以区域东北方向最为明显，整体沿香港东路从东向西衰减，沿海尔路从北向南进行衰减。作为大型购物中心的金狮广场和滨海步道的重要节点——水秀广场聚集度一般，空间聚集与应有的城市职能属性有一定差距。

综合实地调研和衔接场域公共空间的活力分析可看出（见图 4.25、图 4.26）：金狮广场衔接场域活力较好的地方集中在金狮广场出入口广场、香港东路与海尔路交叉路口附近以及水秀广场，香港东路表现较差，海尔

4 应用——衔接场域公共空间的活力评价

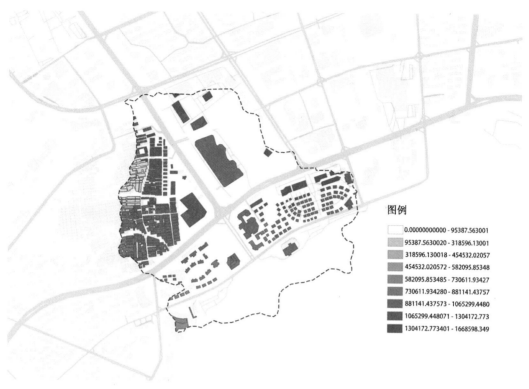

图 4.24　金狮广场衔接场域 UNA（Reach）分析

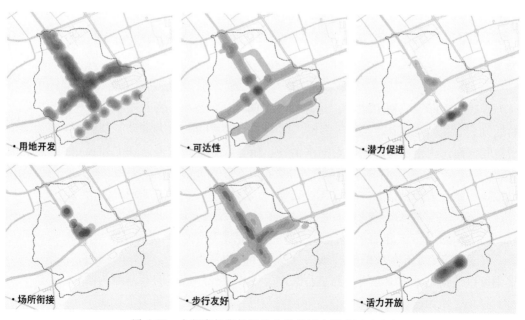

图 4.25　金狮广场衔接场域分类层活力影响因子分布

069

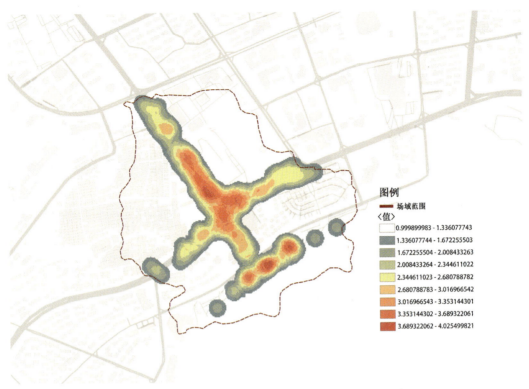

图 4.26 金狮广场衔接场域公共空间活力影响因子分布

路的活力则呈不均匀分布。界面型空间方面,下沉广场的植入在有效疏导地铁人流的同时,创造了丰富的空间形象和商业机会,加上多样的绿化和合理的规划,使其成为场域中最富有活力的空间之一。流线型空间方面,香港东路西部由于面临大面积的拆迁建设,故而活力明显低于东段,与UNA分析相符;对于海尔路,尽管活力在交叉口有较好表现,但整体分布不均,作为活力集中的所在地,交叉口与端头的水秀广场缺乏有效链接,活力连通出现断层;除此之外,道路两侧空间品质的悬殊、路面侵犯现象的加剧、局部人车混杂的设定等都极大影响了整个空间的活力带动。节点型空间方面,由于水秀广场临近海水浴场,旅客人数常年较多,加上如是书店、小品景观、娱乐休闲等设施配套的完善,使得该处成为吸引人流的强磁针,活力表现极佳,故应考虑通过慢行步行体系的构建,加强界面型空间与节点型空间之间的联系,将其自身的优势资源扩大化,辐射周边。

(3)李村站——乐客城衔接场域公共空间活力影响因子分析

依据UNA对乐客城衔接场域的分析可得(见图4.27):场域的空间聚集度以三角区域为中心沿道路进行衰减,并以夏庄路北段的衰减最为明显。三角区作为李村商圈的核心地带,周边包含乐客城在内的多个商业综合体都呈现出良好的空间聚集能力。

从图 4.28 可明显看出:乐客城衔接场域空间活力较好的地方主要集

4 应用——衔接场域公共空间的活力评价

图 4.27 乐客城衔接场域 UNA（Reach）分布

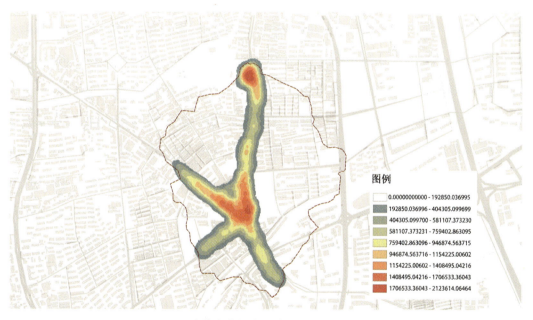

图 4.28 乐客城衔接场域公共空间活力影响因子分布

中在乐客城出入口广场、夏庄路与京口路交叉口及李村公园三处，京口路北段次之，由于商业设施的减少和沿街环境的杂乱，使得夏庄路南段活力表现较差。具体而言（见图 4.29）：对于界面型空间，"河谷"设计理念的植入及 20% 绿化面积的覆盖使得乐客城公共空间体系极具吸引力。流线型空间中，大量街道存在年久失修和道路侵占的问题，以夏庄路最为严重，若无商业设施的加持，活力呈急速下降趋势。在这里需要指出的是，

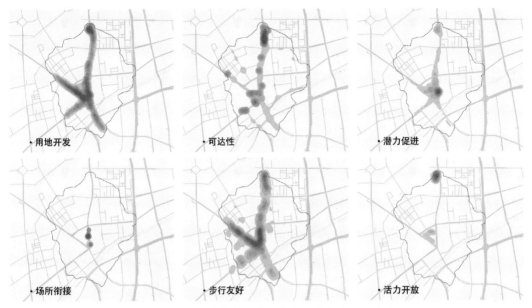

图 4.29 乐客城衔接场域分类层活力影响因子分布

由于 UNA 中并未将路面质量和连贯度等问题考虑在内,故夏庄路南段的衰减趋势在 UNA 中与活力评价中略有差别。节点型空间中,活力表现极佳的李村公园,因其面积较大,基础设施充足,绿化覆盖高等良好基础条件吸引着周边人群在此聚集;而新建的维客广场,尽管地处商圈绝佳的三角地带,但地面裸露电梯、机房等设施的不合理分布,割裂了广场内部和广场与城市间的连续性,且绿化面积不足、花树种类单一、娱乐休闲设施的缺乏,都严重影响该空间的使用品质。

## 4.3 分类指导下的衔接场域公共空间活力分析

### 4.3.1 界面型公共空间的活力分析

表 4.1 界面型空间活力影响因子权重表

| 分类层 | 编号 | 指标层 | 指标权重 |
|---|---|---|---|
| 场所衔接 | B1-1 | 空间立体度 | 0.041 3 |
| | B1-2 | 绿化度 | 0.017 4 |
| | B1-3 | 衔接复杂度 | 0.065 6 |

界面型公共空间对应的是活力影响模型中的"场所衔接"因子(见表 4.1),通过对比万象城、金狮广场和乐客城衔接场域的界面型公共空间活力可以发现(见图 4.30 ~ 图 4.32):金狮广场因其多首层的创意设计、下沉空间的有效植入、大面积绿化的布局设置、交通节点的合理规划等,促使该界面

图 4.30 万象城衔接场域界面型公共空间活力分布　　图 4.31 金狮广场衔接场域界面型公共空间活力分布　　图 4.32 乐客城衔接场域界面型公共空间活力分布

空间得以形成较大的人群聚集力，空间活力为三者最优。乐客城尽管在"河谷"理念的带动下，注重景观带的打造和宜人环境的建设，但因其交通节点的布局缺乏统筹规划，外加周边环境杂乱所带来的负面影响，使得该界面空间活力略逊于金狮广场。而对于万象城来说，虽然五四广场所带来的人口活力为商场带来潜在人流，但地块内下沉广场与地面广场的割裂，景观设计和交通节点的缺失，使得该空间的活力并未呈现出应有的理想状态，为三者最差。

### 4.3.2　流线型公共空间的活力分析

万象城流线型空间主要选取山东路与香港中路两侧人行道，以两条道路交叉口为界，针对流线型公共空间的活力评价，主要通过活力模型中的"步行友好"因子来完成（见表 4.2），对三个流线型公共空间的活力进行对比可发现（见图 4.33～图 4.35）：在万象城衔接场域对应的流线型公共空间中，活力主要集中在香港中路东段和香港中路与山东路交叉口，由此看出，五四广场与万象城之间于流线空间中保持着较好的活力连接，为三者最优。在乐客城衔接场域对应的流线型公共空间中，活力在夏庄路和京口路的交叉口最为集中，并随着商业设施的减少呈现出急剧下降的趋势，以夏庄路南段最为明显。由此可大概推断出，尽管步行空间年久失修、道路侵占的问题比较普遍，但因其商业设施布局密集，使得活力仍呈现出良好的状态，而一旦商业红利消失，活力必将受到极大打击。在金狮广场衔接场域对应的流线型公共空间中，活力聚集以海尔路北段和香港东路东段最为明显，并在金狮广场和道路交叉口附近达到顶峰。值得一提的是，尽管金狮广场与场域最南端的水秀广场均为吸引人流的强磁针，但在流线空间的应对上，并未形成一个良好的活力连贯度。

表 4.2　流线型空间活力影响因子权重表

| 分类层 | 编号 | 指标层 | 指标权重 |
| --- | --- | --- | --- |
| 步行友好 | B2-1 | 人行道坡度 | 0.041 3 |
| | B2-2 | 道路衔接流畅度（被车行打断的次数） | 0.026 0 |
| | B2-3 | 零售商业密度 | 0.010 9 |

图4.33 万象城衔接场域流线型公共空间活力分布

图4.34 金狮广场衔接场域流线型公共空间活力分布

图4.35 乐客城衔接场域流线型公共空间活力分布

### 4.3.3 节点型公共空间的活力分析

表4.3 节点型空间活力影响因子权重表

| 分类层 | 编号 | 指标层 | 指标权重 |
| --- | --- | --- | --- |
| 活力开放 | B3-1 | 健身等供人娱乐设施的密度<br>座椅等供人休息设施的密度 | 0.059 0 |
|  | B3-2 | 绿地率 | 0.098 4 |
|  | B3-3 | 景观小品密度 | 0.027 0 |
|  | B3-4 | 公园、广场、自然保护区的面积 | 0.013 0 |

节点型公共空间的活力主要通过影响模型中的"活力开放因子"来衡量（见表4.3），将三个衔接场域的节点公共空间分析比对可发现（见图4.37~图4.39）：五四广场作为青岛地标之一，无论是人群吸引、场地规划、设施布置，还是景观小品，都有着极佳的基础背景，故其活力在三个节点空间中表现最优。水秀广场作为滨海步道的重要节点，除去原有的海滨浴场、娱乐休闲设施和景观小品，后期城市客厅——如是书店的加入则大大加强了该区域人流的吸引力，整体活力有着极佳的表现。维客广场与李村公园均为乐客城衔接场域的节点型公共空间，虽然李村公园表现较好，但作为商圈核心的维客广场的表现却不尽如人意，内部空间严重割裂，致使地表对活力无法形成良好的推动作用，与预期差距较大。

图4.36 万象城衔接场域节点型公共空间活力分布

图4.37 金狮广场衔接场域节点型公共空间活力分布

图4.38 乐客城衔接场域节点型公共空间活力分布

## 4.4 小结

表 4.4 衔接场域公共空间活力影响因子分布汇总

| | 万象城衔接场域 | 金狮广场衔接场域 | 乐客城衔接场域 |
|---|---|---|---|
| 总体评价 | | | |
| 界面型 | | | |
| 流线型 | | | |
| 节点型 | | | |

本章在仔细分析青岛市整体空间格局和总结青岛公共空间发展现状及问题的基础上，选取万象城、金狮广场和乐客城三个典型站点综合体衔接场域的公共空间作为研究对象，结合前期衔接场域公共空间活力的影响因子模型，通过具体翔实的实地调研记录、现场数据采集、问卷发放整理、基础数据库构建等，利用 Kernel 密度法和城市网络分析（UNA）分别对三个衔接场域公共空间的活力进行分析（见表 4.4）。同时结合分类，横向比对界面型、流线型和节点型在不同衔接场域公共空间的活力表现状态，可发现：对于界面型空间来说，金狮广场活力优于万象城和乐客城。流线型空间中，无论是万象城还是乐客城，活力密集区都有较好的连贯性，但金狮广场却与该区的水秀广场之间缺乏活力的联系性。节点型空间中，五四广场与水秀广场无论是活力呈现还是基础背景，都明显优于乐客城衔接场域所包含的节点空间，尤其作为商圈核心的维客广场，其活力状态与所处区位应具有的态势极不匹配。

# 5

# 策略——衔接场域公共空间的优化设计

## 5.1 界面型公共空间——立体系统的构建

### 5.1.1 以立体整合为主题的多首层设计

结合前期研究，考虑到万象城衔接场域界面型公共空间立体设计不足，不同界面无法有机整合的问题，以"多首层"+"节点记忆"为理念，在原有空间的基础之上，结合建筑整体形态，通过点、线、面结合的方式，在有限的用地范围内开拓空间，增加空间的立体丰富度（见图5.1）。

图 5.1　万象城衔接场域界面型公共空间优化效果图、总平面图

对于"多首层"来说：在地下层，以弧线展开的形式扩大下沉空间，构建地铁出入口、建筑与广场联系的同时，打破原有空间的单一、沉闷，营造出丰富的空间变化，并利用坡道完成与地面标高的衔接。在地面层，将入口空间重新规划整理，利用绿化、水体景观柔性分割广场空间，并通过坡道、楼梯的设置完善与地下层的联系，提升底部的商业价值；对于地上层，过街天桥的加入形成对街道人流的线性引导，结合二层平台，构建出地下、地面、地上三位一体的"内核节点"，继而实现人流在立体维度上高效穿梭的可能，可看作是小范围内对城市高密度环境与集约化发展的良好呼应[40]（见图5.2）。另外，通过增加自行车停放点、出租车落客区及公交站点等基础设施，丰富空间与城市的接驳方式，鼓励居民以公共交通方式出行，倡导符合城市发展的绿色出行理念。

图 5.2　万象城衔接场域界面型公共空间"多首层"理念图

图 5.3　万象城衔接场域界面型公共空间"节点串接"理念图

"节点串接",既是在地下空间扩大的基础上,将原有界面空间中的下沉节点和入口节点进行组合,形成由两个节点广场和一个线性下沉空间组成的串联结构(见图5.3)。如果说原有下沉节点作为起点,通过城市空间与地铁站厅层的连通,将人群引入界面型空间带来了极大的人流红利,那么以"多首层"为设计理念的出入口节点,则作为联系不同标高的"立体城市核",既是串联结构的终点也是其内部的精华所在。联系两者的线型空间,借助大面积片状与点状绿化景观的布局规划,使得一个小型的城市性"开放公园"成为可能,空间丰富度和环境品质进一步提高的同时,带动了整个区域商业价值的提升,为地块空间活力的联动奠定了良好的物质条件(见图5.4)。

图 5.4　万象城衔接场域界面型空间入口节点优化示意图

## 5 策略——衔接场域公共空间的优化设计

此外，在注重硬环境打造的同时，公共空间软实力的提升也应成为更新升级的重点。如积极发掘居民的兴趣点，开展与空间特性相符的主题活动，展现空间独特魅力。注重在景观小品、绿化等元素的设计中融入以海洋为要素的特色文化，提升集体认同感和凝聚力。

### 5.1.2 界面型公共空间优化前后活力对比分析

对比万象城界面型公共空间的现状，优化方案主要从三个方面提高了活力指征：（1）丰富空间立体度，将原有下沉空间扩大至 3 800 m²，构建跨越山东路的地上步行系统；（2）结合空间规划，提高绿化占比达 10.8%；（3）增加接驳方式：依照现有规章制度，沿山东路增加 1 个出租车停靠点，同时结合"节点"空间增加 3 个自行车停放点。将优化后的空间通过 ArcGIS 平台进行活力因子分析（见图 5.5、图 5.6），综合对比优化前后因子分析结果的不同，可看出：万象城衔接场域界面型空间活力值得到普遍提升，并以"立体内核"节点的活力变化最为突出；活力分布上则由之前的"点"过渡为现在的"面"，并沿山东路形成了良好的活力连贯度。

图 5.5 优化前界面型公共空间活力影响因子分布

图 5.6 优化后界面型公共空间活力影响因子分布

## 5.2 流线型公共空间——流畅度的提升

### 5.2.1 以慢行生活为理念的文化设施植入

通过前期对综合体衔接场域活力的研究发现，石老人海水浴场站点虽具有金狮广场和水秀广场两大人流聚集点，但两者之间并未形成连贯的活力连接，因此选择该场域的流线型公共空间进行设计优化。方案以"慢行生活"为理念，采用廊桥的设计形式，通过跨越城市主干道灵动、舒展的弧线旅游步道建设，将场域内部包括金狮广场、水秀广场和金鼎广场在内的散点式时空要素进行关联整合，在实现金狮与金鼎两大商业综合体无缝衔接的同时，面向各个方向形成开口，以此承接来自不同方向的人流，增加流线空间的流畅度（见图5.7）。

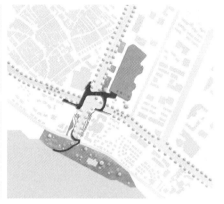

图 5.7　金狮广场衔接场域流线型公共空间优化效果图、总平面图

除此之外，在对商业综合体与城市绿地公园进行整体统筹规划的基础上，通过结合自行车坡道的无障碍体系，融合娱乐休闲的休憩设施布置以及多样合理的交通规划设计，使得廊桥设计既打破了传统过街天桥单一步道的设计模式，丰富了通行体验，又将城市活力有效延续，从而构建出容纳多样行为活力、联系不同节点的休闲景观廊道（见图5.8）。

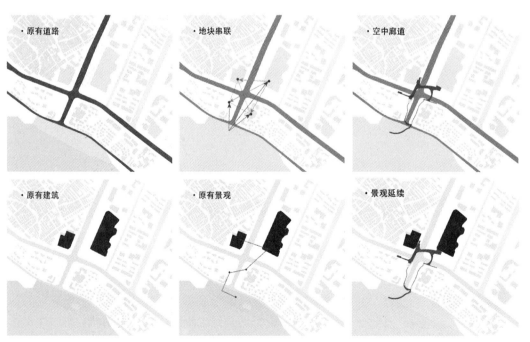

图 5.8　金狮广场衔接场域流线型公共空间设计理念图

同时，坡道、楼梯与景观的并置，以及结合垂直电梯的绿化的加入，使得廊桥以一种低姿态的方式如自然生长般延伸，而不是突兀地插入城市空间，柔化了廊桥与城市的衔接界面。以"廊桥"为核心，以海尔路为轴线打造的慢行步行系统，是在整合自然景观和城市开发资源的基础上，将城市绿化、道路和公园集体统筹的结果，在最大限度地实现步行流畅度，提升环境品质的同时，实现公共活力的连续性的构建（见图5.9）。

图5.9 金狮广场衔接场域流线型公共空间优化示意图

### 5.2.2 流线型公共空间优化前后活力对比分析

 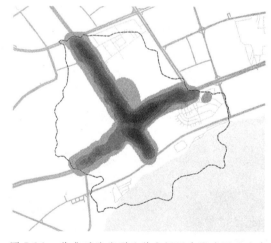

图5.10 优化前流线型公共空间活力影响因子分布　　图5.11 优化后流线型公共空间活力影响因子分布

对比金狮广场流线型公共空间的现状，优化方案主要通过两个方面的措施来提高活力指征：（1）通过跨越海尔路与香港东路步行廊桥的设计，将金狮、金鼎与水秀广场，街道与景观公园进行串联，并结合楼梯、坡道与垂直电梯提升流线空间衔接的流畅度，形成城市绿色步行廊道体系；（2）地面层：结合景观小品及休闲设施植入咖啡吧、报亭等移动式商业业态，并在海尔路靠近海水浴场路段，结合隐蔽空间合理布置商业售卖点（旅游纪念品、潜水设施等）吸引游客，增加空间活力。地上层：在不打断空间流畅度的前提下，通过自行车坡道、庇荫空间、休闲小品等的增设，对城市活力进行积极引导，为使用者提供更多行为活动的可能。对优化后的流线型空间通过 ArcGIS 平台进行活力因子分析（见图 5.10、图 5.11），与之前因子分析结果比对可发现：金狮广场衔接场域的流线型空间活力在海尔路和香港东路上都有了较好的提升，以道路交叉口附近以及海尔路东侧的活力改变最为明显。海尔路上形成的连接金狮广场与水秀广场的活力连贯性，使得该场域活力的分布实现了由"点"到"面"的改变，对金狮广场和水秀广场的人群凝聚力起到了良好的加成作用。

## 5.3 节点型公共空间——综合环境品质的打造

### 5.3.1 以还地于民为原则的环境品质升级

尽管乐客城维客广场地处商圈核心，且通过地下商业的植入将周围空间较好地相连，但因商业所需而导致的大量风机、电箱等辅助设备的建设，对地面场所造成了严重的割裂打断，严重影响了城市空间品质。在这个背景下，优化方案以"都市自然"为理念展开，通过自然起伏结合绿化的方式丰富空间体验，将设备包裹进"地下"减缓僵硬界面对场所的影响，营造出生态绿色的城市公园，最大化吸引城市行为活动（见图 5.12）。

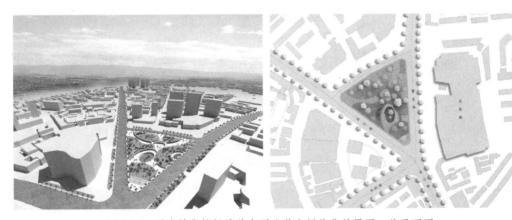

图 5.12 乐客城衔接场域节点型公共空间优化效果图、总平面图

在界面的立体塑造方面，通过自由、蜿蜒的曲线把散落在外的辅助设施整合在内，利用绵延起伏的绿化坡道将地下、地面与地上的节点空间进行串联，在提高场地连通度的同时，形成庇荫空间，为多维空间的立体体验和不同行为活动的产生创造可能（见图 5.13）。另外，通过绿化坡道的贯穿、景观小品的植入、休闲设施的增加等设计，不仅营造出生态立体的场所氛围，还大大提高了亲子游戏、人群集会、休闲交谈活动的几率，使

5 策略——衔接场域公共空间的优化设计

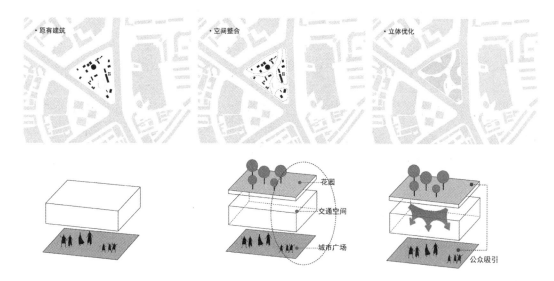

图 5.13 乐客城衔接场域节点型公共空间设计理念

图 5.14 乐客城衔接场域节点型空间优化示意图

得节点公共空间演变成一座充满生活气息的城市公园（见图 5.14）。

综上所述，对节点空间的优化是以打造开放的、贴近生活的空间为目的，在解决现有矛盾的基础上，结合使用功能和美学形态，将大面积绿植覆盖在原有建筑之上，连通自然景观布局于场地之中，从三维角度容纳城市不同形式的行为活动，继而提高整个空间的活力及品质。

### 5.3.2 节点型公共空间优化前后活力对比分析

对比乐客城节点型公共空间的现状，该方案主要从提高空间连贯度和营造环境氛围两个方面来进行优化：（1）以绵延起伏的坡道为"绸带"，将原有被打断的节点空间进行连接，结合下沉广场营造出立体的空间效果。大量绿化屋顶结合坡道形成庇荫空间，在为城市活动提供发生场所的同时，使得场地的绿地率比原有增加 11.3%。（2）针对优化后的节点空间，除去增设必要的娱乐休闲设施和景观小品，融合空间界面所打造的交通设计和

图 5.15　优化前节点型公共空间活力影响因子分布　　图 5.16　优化后节点型公共空间活力影响因子分布

标识系统也是方案考虑的重点。对优化前后的节点型公共空间活力因子分析对比可发现（见图 5.15、图 5.16）：较之于现状，优化方案的整体活力有了明显提高，且以立体度最高的两个节点空间最为集中；纵向对比李村公园的活力，优化后的方案不再有明显差距，较能体现出商圈核心所应具备的活力承载力。

## 5.4　小结

本章在前文对公共空间活力影响因子分析的基础上，分别针对万象城衔接场域的界面型公共空间、金狮广场衔接场域的流线型公共空间、乐客城衔接场域的节点型公共空间提出不同的优化策略。其中在界面型公共空间中，强调的是对立体系统的打造，通过扩大原有下沉广场面积，丰富与城市空间的接驳方式来提升空间活力；在流线型公共空间中，尝试采用漂浮廊道的模式将重要节点有机相连，同时结合无障碍坡道、流动商业、休闲设施、景观小品等的植入，实现建筑、空间、城市的联动；在节点型公共空间中，以"都市自然"为理念对场所流线进行重塑，通过地面起坡的方式实现"底部广场"+"上部绿地"的空间效果，继而吸引人流提升活力。在空间优化完成后，再次借助 ArcGIS 平台对优化后的空间活力进行评价，并将前后两次评价结果进行比对，发现每种类型空间活力均得到很大改善，说明优化方案提出的设计策略切实可行，方案思路具有一定的实践参考价值。

# 6

# 结语

## 6.1 空间优化策略的提出

近年来,随着轨道交通在我国的迅猛发展,围绕轨道交通站点的一体化开发成为城市高密度发展背景下的必然趋势。轨道交通综合体衔接场域公共空间作为综合体与城市连接的媒介空间,无论是对综合体自身经济效益,还是对城市空间品质,都有着极为重要的意义。青岛作为承载轨道交通快速建设的滨海旅游城市,其独特的山、海、城景观资源在带来巨大人流红利的同时,也为衔接场域公共空间的发展带来了更多的契机和挑战。本研究以轨道交通综合体衔接场域公共空间为对象,以提升现有空间活力为最终目标,在构建影响活力因子模型的基础上,选取万象城、金狮广场和乐客城三个案例进行讨论和优化设计,并提出相应的公共空间优化策略:

1. 多维连通的立体空间打造

高密度背景下空间集约利用是设计必须考虑的重点,多维立体系统的营建使得空间在满足基础交通疏散功能的同时,还为多元活动的发生提供必须场所。无论是界面型的多首层打造,流线型的廊道漂浮还是节点型的地景延伸,均构建出联系地下、地面与地上不同标高的慢行系统。针对商业综合街区或有高差的街区,建议通过空中慢行步道的设置,加强街道步行空间的连续性。在更新升级过程中,应秉承一体化的设计理念,合理利用既有临街建筑的墙面、屋面、露台等空间,采用绿色植生墙、绿色屋顶等"海绵"措施,向空中要绿化,丰富空间生态绿色环境的层次感,提高城市生态环境的融入感。同时,在界面空间中,应注意结合不同标高,合理增设出租车停靠点、自行车停放点、无障碍坡道等基础设施,扩展场所与城市空间的接驳方式,继而提高公共空间的活力。

2. 层次丰富的绿化生态构建

绿化设施作为提高空间环境品质的重要元素,怎样在现有基础上实现生态效益的最大化是设计环节无法回避的问题。在界面型空间中,通过下沉广场中弧线景观的设计对边界进行柔化,采用地面绿化下沉、高位花坛等形式,营造丰富的绿色海绵空间层次。针对流线型空间,建议以铺设木栈道等方式将景观节点有机相连,打造连续的步行观赏空间,同时结合滨水岸线、景观廊桥、道路绿化等规划自行车道路网络,与庇荫空间和垂直交通有机结合,引导骑行的休闲运动方式,营造出立体怡人的空间效果。

节点型空间应在以人为本的背景下，依托青岛"山、海、城"一体的整体空间架构，通过地景、还地于民的方法对场地进行重塑，结合现有节点环境创造出更多人文环境与山海自然相互交融的休闲游憩空间，让行人能望得见山、看得见海，继而打造属于青岛独有的山海景观。

3. 有趣特色的基础设施植入

公共空间作为汇聚人群的重要节点，怎样尽可能地将城市活动引入其中，提高内在的品质活力是空间设计的本质所在。在界面型空间中应适度增加对慢行空间、休憩节点及下沉广场的打造，鼓励通过可移动式花池、立体绿化、景观小品等休闲娱乐设施的布置形成具有一定凝聚力的活力点。流动空间中鼓励在商业性、生活服务性、景观性街道上，设置商业、休闲、文化、社区服务等临时性设施。如利用隐蔽空间、建筑退界前区和景观小品，在商业性道路和生活服务性道路中，合理布置外摆位、咖啡吧、报亭等移动式商业业态，以增加街道对行人的"黏性"。在长距离、连续快速通行的流线空间界面中，应合理植入节点元素，在增强空间趣味性的同时，做好业态配比，设置复合功能空间，提升内部功能的多样性、吸引力和重要节点的标识性，从而为空间活力的可持续性提供保障。节点型空间中，应结合设施带、建筑派生场地、街角广场等区域，设置休闲座椅、健身器材、儿童游戏娱乐等设施，为行为活动的发生提供可能。推进沿街零散地块改造，鼓励将街角空间或建筑间隙的公共区域，设置为商业空间或口袋公园，并优化其线性连接，培育形成具有活力的节点网络空间。

4. 现存可用的基础设施修缮

公共空间的品质除去受到空间形态、绿化布局、功能业态等方面的影响，还与现存环境中地面平整度、路面质量、小品设施状态、道路权属等问题息息相关，因此良好的空间品质势必是以基本设施完好可用为建设前提，离不开设计部门、管理部门、市政部门多方的联手配合。建立以人为本的衔接场域公共空间品质评价体系，对其内容建设的完成度和管理情况进行评估和目标预期，从而有助于拟定可行的设计和建设方案，进一步改善提升公共空间的环境品质。

## 6.2 研究展望

本研究力图从城市中观角度，以衔接场域公共空间为对象，在构建影响活力因子模型的基础上完成优化设计，继而提出相关的空间设计策略。在公共空间增效策略研究中，重点针对可量化与实际可控的因子进行优化设计，但影响轨道交通综合体衔接场域公共空间活力的要素关联众多，从前期策划到中期设计再到最后的建设实施都离不开政策、交通、规划等诸多因素的影响，离不开政府各部门、开发商、设计师以及空间使用者的多方配合。本研究所提出的观点以及策略具有一定的主观针对性，虽然结果符合模型计算，但仍需在后期进行大量的实践验证。在城市更新背景下，如何提高衔接场域公共空间的活力，以及通过何种手段能对活力进行更有效的监测，仍需更多同仁进一步探索深入。

# 参考文献

[1] 中国城市轨道交通协会. 城市轨道交通 2020 年度统计分析和报告 [R/ OL].[2021-04-10]. https://www.cam-et.org.cn/tjxx/7647.

[2] 刘占山. 以交通强国建设纲要为统领再展宏图再续辉煌 [N]. 中国交通报，2019-11-06（1）.

[3] 李昊. 综合体城市主义：作为异托邦的魅惑与疏离 [J]. 北京规划建设，2016（1）：170-174.

[4] 褚冬竹，魏书祥. 轨道交通站点影响域的界定与应用：兼议城市设计发展及其空间基础 [J]. 建筑学报，2017（2）：16-21.

[5] 克利夫·芒福汀. 街道与广场 [M]. 张永刚，译. 北京：中国建筑工业出版社，2004.

[6] F 吉伯德. 市镇设计 [M]. 北京：中国建筑工业出版社，1983.

[7] 扬·盖尔. 交往与空间 [M]. 何人可，译. 北京：中国建筑工业出版社，2002.

[8] 凯文·林奇. 城市意象 [M]. 方益萍，译. 北京：华夏出版社，2001.

[9] XIA B, LIU X L, KONG F Y. Boundary of Space Research Based on the "Edge Effect" of the City's Public Space [J].Applced Mechanics and Materials，2013，409/410：851-854.

[10] 徐怡然，苏继会. 基于 SD 法的香港九龙站外部空间研究 [J]. 合肥工业大学学报（自然科学版），2017，40（8）：1117-1121.

[11] 律穹，沈瑶，焦胜，等. 基于"资源-行为"视角的城市综合体外部空间研究：以长沙市中心城区20个综合体为例 [J]. 建筑学报，2017（S1）：48-53.

[12] 田晓. 基于地域文化特色的城市综合体外部空间景观设计探究：评《图解传统民居建筑及装饰》[J]. 中国教育学刊，2018（12）：144.

[13] 钱才云，周扬. 谈交通建筑综合体中复合型的城市公共空间营造：以日本京都车站为例 [J]. 国际城市规划，2010，25（6）：102-107.

[14] 施瑛，潘莹，许自力. 基于紧凑密集型规划理论的城市综合体设计：以深圳大芬村油画广场为例 [J]. 规划师，2010，26（12）：64-67.

[15] 费兰. 城市综合体外部公共空间的"城市性"研究 [D]. 广州：华南理工大学，2015.

[16] 牛韶斐，沈中伟. 城市轨道交通综合体公共空间的层次化体系初探 [J]. 城市轨道交通研究，2018，21（3）：5-7.

[17] 王桢栋，胡强，潘逸瀚，等. 城市综合体公共空间的增效策略研究：以沪港两地为例 [J]. 建筑学报，2018（6）：9-15.

[18] 龚颖. 城市公共空间活力研究 [D]. 武汉：中国地质大学，2009.

[19] 谭伟，刘博敏. 城市道路交叉口地区公共空间活力研究：以南京珠江路与太平北路交叉口为例 [C]// 规划创新：2010 中国城市规划年会论文集，2010:2150-2161.

[20] 王勇，邹晴晴，李广斌. 基于活力特征分析的城市安置社区公共空间研究：以苏州城区 6 个安置社区

为例[J]. 地理科学, 2018, 38（5）：747–754.

[21] 张蕾. 城市公共空间的活力和特征初探[J]. 南方建筑, 2006（3）：105–108.

[22] 王悦, 姜洋, 韩治远. 面向提升新城活力的步行系统规划策略研究：以上海市嘉定新城中心区为例[J]. 上海城市规划, 2017（1）：80–87.

[23] 舒婷婷, 林晗. 城市公共空间的绿色针灸[J]. 南方建筑, 2018（6）：87–91.

[24] 陈跃中. 街景重构：打造品质活力的公共空间[J]. 中国园林, 2018, 34（11）：69–74.

[25] 罗桑扎西, 甄峰. 基于手机数据的城市公共空间活力评价方法研究：以南京市公园为例[J]. 地理研究, 2019, 38（7）：1594–1608.

[26] 杨希. 武汉市滨湖公共空间活力提升策略研究[D]. 武汉：华中科技大学, 2012.

[27] 李皓, 弓弼, 樊俊喜. 浅谈人性化景观设计与城市公共空间活力营造：以西安大唐通易坊商业街景观改造设计为例[J]. 安徽农业科学, 2008（10）：4067–4069.

[28] 程元泽. 基于大数据分析的苏州高铁新城公共空间活力评价研究[D]. 苏州：苏州科技大学, 2019.

[29] 董春方. 高密度建筑学[M]. 北京：中国建筑工业出版社, 2012.

[30] 杨明慧. "触媒理论"下城市微型公共设施设计策略研究[D]. 青岛：青岛理工大学, 2016.

[31] 李翔宇, 梅洪元. 消费文化视角下的城市商业空间建构[J]. 华中建筑, 2010, 28（2）：182–185.

[32] 王爱清, 林楠. 文化介入城市公共空间设计的探讨[J]. 建筑, 2016（12）：64–65.

[33] 杨熹微. 日本首屈一指的交通枢纽涩谷站周边大规模再开发项目正式启动[J]. 时代建筑, 2009（5）：76–79.

[34] 大野秀敏, 刘弘. 上海市五角场地区开发的规划设计构思[J]. 城市规划, 1997（1）：39–40.

[35] 马晨骁, 孙毅, 彭芳乐. 基于空间句法的上海五角场地下步行系统空间分析[J]. 现代隧道技术, 2018, 55（S2）：1255–1262.

[36] 崔光庆. 静安寺交通枢纽及商业开发工程项目管理研究[D]. 上海：东华大学, 2014.

[37] 李芸, 蒋龙. 上海市地铁空间音环境优化措施：以二号线静安寺站为例[J]. 数位时尚（新视觉艺术）, 2012（1）：98–99.

[38] 王磊磊. "主客共享"视域下的文旅融合发展：以山东省青岛市为例[J]. 四川旅游学院学报, 2020（1）：39–43.

[39] 张广海, 宋杨. 基于生态文明建设的城市公共休闲空间研究：以青岛市为例[J]. 无锡商业职业技术学院学报, 2016, 16（1）：1–8.

[40] 牛彦龙. 地铁时代下营造站域慢行空间重塑都市活力[D]. 天津：天津大学, 2016.

[41] 支文军. 城市触媒：轨道交通综合体[J]. 时代建筑, 2009（5）：1.

[42] 董玉香, 刘明雪. 基于轨道交通综合体的城市公共空间重构：以旧金山港湾枢纽为例[J]. 华中建筑, 2018, 36（5）：90–94.

[43] 陈琳. 本土视觉文化的色彩研究及其审美趣味：以舟山渔民画为例[J]. 艺术科技, 2015, 28（2）：41–42, 189.

[44] 卡米诺·西特. 城市建设艺术[M]. 仲德崑, 译. 南京：江苏凤凰科学技术出版社, 2017.

[45] 杨建军, 朱焕彬. 城市综合体建设的空间影响效应：以杭州市城市综合体建设为例[J]. 规划师, 2012, 28（6）：90–95.

[46] 文玉丰. 街道步行友好性影响因素研究[J]. 建材与装饰, 2020（2）：132–133.

[47] 郭鑫, 苏海龙, 虞燕. 消费社会背景下的城市活力塑造[J]. 城市观察, 2019（5）：47–54.

[48] 张舒. 高密度语境下公共空间的综合性能优化策略研究 [J]. 建筑与文化, 2018 (2): 60-61.

[49] 杨敏, 胡文杰. 上海绿地中心徐汇绿地缤纷城中国上海 [J]. 世界建筑导报, 2019, 33 (3): 119-122.

[50] 日建设计站城一体开发研究会. 站城一体开发: 新一代公共交通指向型城市建设 [M]. 北京: 中国建筑工业出版社, 2014.

[51] 褚冬竹, 林雁宇, 魏书祥. 城市设计研究新动态: 轨道交通站点影响域行人微观仿真方法与城市设计应用 [M]. 重庆: 重庆大学出版社, 2015.

[52] 杨俊宴, 吴浩, 郑屹. 基于多源大数据的城市街道可步行性空间特征及优化策略研究: 以南京市中心城区为例 [J]. 国际城市规划, 2019, 34 (5): 33-42.

[53] 魏书祥, 褚冬竹. 基于"行为—时空—安全"关联的精细化城市设计方法研究: 以轨道交通站点影响域为例 [J]. 建筑实践, 2019 (2): 38-39.

[54] 周超, 赵御龙, 王晓春, 等. 基于层次分析法的扬州园林风格特征研究 [J]. 扬州大学学报 (农业与生命科学版), 2018, 39 (4): 112-118.

[55] 单欣. 青岛市城市公共空间品质评价及设计研究 [D]. 青岛: 青岛理工大学, 2015.

[56] 杜雪薇. 城市设计视角下青岛典型滨海空间的城海关系研究 [D]. 青岛: 青岛理工大学, 2019.

[57] 安家成. 基于地域性的地铁站空间优化设计策略研究: 以青岛市地铁站为例 [J]. 城市建筑, 2020, 17 (25): 136-139.

[58] 李夏菲, 廖琴, 熊春华. 场所精神的诠释: 当代城市商业综合体公共空间设计研究 [J]. 华中建筑, 2012, 30 (12): 33-35.

# 附录　调研问卷

## 轨道交通综合体衔接场域公共空间影响因子调查问卷

轨道交通综合体（以下统称为综合体）衔接场域公共空间对生活品质、城市形象提升至关重要。此次公共空间研究范围是指以轨道交通综合体各出入口为起点，步行10分钟（800 m）所能到达的空间范围。您的回答将有助于我们了解公共空间使用现状和未来使用需求，有助于更好地进行城市设计和优化策略制定。

请根据您在轨道交通综合体附近空间的日常感受，对下面题干描述事物对您的影响程度进行选择。本问卷共有26题，对您的作答我们定会予以最大的重视和诚挚的感谢。

一、基本信息

本问卷为不记名问卷，故不用担心个人信息泄露，还望您如实填写。

1. 您的性别是？［单选题］*
　　○男　　○女

2. 您的年龄是？［单选题］*
　　○0~18岁　○19~30岁　○31~50岁　○51~65岁　○65岁以上

3. 通常您到综合体附近的出行方式是（多选）？［多选题］*
　　□公交车　□私家车　□地铁　□自行车　□步行

4. 通常促使您到达综合体附近选择轨道交通出行的原因是（多选）？［多选题］*
　　□准时　□速度快　□与综合体及其公共空间良好接驳　□停车不便
　　□距离近　□其他

二、选择作答

**关于全范围空间影响因素**

请针对以下描述，根据您在轨道交通综合体附近的感受，对其影响力进行选择作答。

5. 综合体距离城市核心商业圈远近对您的出行影响？［单选题］*
　　○无　○一般　○大　○很大　○非常大

6. 您对综合体附近人群拥挤的在意程度？［单选题］*
　　○根本不在意　○不在意　○偶尔在意　○在意　○非常在意

7. 综合体附近有无学校、办公楼、影院、游乐园等场所对您的影响？［单选题］*
　　○无　○一般　○大　○很大　○非常大

8. 您出行时会考虑综合体附近的地铁站点能否换乘吗？［单选题］*
○绝对不会考虑　○不会考虑　○偶尔会考虑　○经常会考虑
○总是会考虑

9. 与综合体搭接的地铁出入口数量对您的出行影响？［单选题］*
○无　○一般　○大　○很大　○非常大

10. 综合体附近道路条数以及宽度对您的出行影响？［单选题］*
○无　○一般　○大　○很大　○非常大

11. 能到达综合体附近公交线路的数量对您的出行影响？［单选题］*
○无　○一般　○大　○很大　○非常大

**关于轨道交通综合体与城市直接搭接的界面（主要包括入口广场、下沉空间等）**

请针对以下描述，根据您在轨道交通综合体附近的感受，对其影响力进行选择作答。

12. 综合体附近通过屋顶花园、室外下沉空间或者过街天桥等与地铁站点搭接能否吸引您？［单选题］*
○无　○一般　○大　○很大　○非常大

13. 综合体附近机动车或非机动车停放位置、数量安排对您出行选择的影响？［单选题］*
○无　○一般　○大　○很大　○非常大

14. 综合体入口广场的绿化程度是否会影响您的出行体验？［单选题］*
○绝对不会　○不会　○偶尔会　○经常会　○绝对会

15. 轨道交通综合体入口广场的显著性是否会加强对您的步行引导？［单选题］*
○绝对不会　○不会　○偶尔会　○经常会　○绝对会

**关于轨道交通综合体附近的道路两侧的空间**

请针对以下描述，根据您在轨道交通综合体附近的感受，对其影响力进行选择作答。

16. 综合体附近人行道的宽度、路面坡度对您行走时舒适性的影响？［单选题］*
○无　○一般　○大　○很大　○非常大

17. 综合体附近的十字路口、过街红绿灯的设置是否让您在步行时感到安全？［单选题］*
○极度不安全　○不安全　○基本安全　○安全　○非常安全

18. 您在意综合体附近道路旁报亭、便利店等设施的多少吗？［单选题］*
○根本不在意　○不在意　○偶尔在意　○在意　○非常在意

19. 综合体附近道路旁景观小品（花坛，垃圾桶等）的多少影响您的出行体验吗？［单选题］*

○无　　○一般　　○大　　○很大　　○非常大

**关于轨道交通综合体附近公园、广场、自然保护区的空间**

请针对以下描述，根据您在轨道交通综合体周围（800 m）的感受，对其影响力进行选择作答。

20.综合体附近娱乐、休息设施（健身、座椅等）的多少影响您到访的频率吗？［单选题］*

○无　　○一般　　○大　　○很大　　○非常大

21.综合体附近公园、广场、自然保护区的面积影响您的出行体验吗？［单选题］*

○无　　○一般　　○大　　○很大　　○非常大

22.综合体附近公园、广场、自然保护区的绿化程度影响您出行时的舒适性吗？［单选题］*

○无　　○一般　　○大　　○很大　　○非常大

23.您一般会选择在什么时间到综合体附近的公园、广场等空间？［多选题］*

□上午　　□中午　　□下午　　□晚上　　□休息日

24.您到综合体附近公园、广场等空间的目的是？［多选题］*

□休闲观光　　□通勤（上下学、上下班）、换乘等经过　　□购物娱乐　　□走亲访友　　□商务往来　　□其他

25.您认为综合体附近旅游景点闻名程度影响整体空间品质吗？［单选题］*

○无　　○一般　　○大　　○很大　　○非常大

26.利用综合体附近空间举办商业宣传、展览、节庆等活动对您的吸引力？［单选题］*

○无　　○一般　　○大　　○很大　　○非常大

您的作答将为我们更好地研究轨道交通综合体附近空间活力提供很大的帮助，感谢您的支持与参与。